Thomas Lenz

Kaum zu glauben 2

Wissen zum Weitersagen

NDR 1 Radio MV NDR 90,3

TENNEMANN media

Gartenweg 30 c, 19057 Schwerin
Tel. 0385-77501
http://www.tennemann-media.de
http://www.tennemann.com
Lizenziert durch Studio Hamburg Distribution & Marketing GmbH

1. Auflage 2012

Herstellung: TENNEMANN media GmbH
Illustrationen: Andrej Subarew
Satz und Layout: Andrej Subarew Zavod 3, Wismar
Druck und Bindung: Produktionsbüro TINUS, Schwerin
Printed in Germany
ISBN 978-3-941452-22-0

Liebe Hörerinnen und Hörer von NDR 90,3 und NDR 1 Radio MV,

Sie halten ein Buch in der Hand, das genauso unterhaltsam wie informativ ist. Band 2 von „Kaum zu glauben“ enthält noch mehr kuriose Antworten auf witzige Fragen aus unserem Alltag. Oder haben Sie gewusst, warum wir Perlen vor die Säue werfen? Oder ob Milch wirklich müde macht?
„Kaum zu glauben“ ist Wissen zum Weitersagen. Verständlich und kompakt, manchmal lustig und manchmal einfach verblüffend. Die Fragen finden wir alle in unserem Alltag, haben aber oft gar nicht die Zeit, nach der Antwort zu suchen. Das hat Thomas Lenz für uns getan – und in unvergleichlicher Weise ganz wunderbar formuliert.
Neue Folgen hören Sie immer um 5.50 Uhr und 7.50 Uhr bei „Markert am Morgen“ auf NDR 1 Radio MV. In Hamburg bekommen Sie neue Fragen und Antworten von Thomas Lenz auf NDR 90,3 immer um 6.50 Uhr und 16.20 Uhr.
Wir wünschen Ihnen viel Spaß bei der Lektüre. Vielleicht können Sie mit Ihrem neuen Wissen Freunde beeindrucken oder bei einer Feier für Gesprächsstoff sorgen. Auf jeden Fall ist es ein unterhaltsames Buch zum Vorlesen, Nachschlagen oder Verschenken.

Ihre Elke Haferburg
Direktorin Landesfunkhaus Mecklenburg-Vorpommern

Sabine Rossbach
Direktorin NDR Landesfunkhaus Hamburg

Inhalt:

1. Von Frauenwitzen und Männerbrüsten

Können Frauen über Witze lachen?

Ja, aber unter erheblichem Zeitverzug, verglichen mit witzeverständigen Männern. Das fanden Forscher der Uni in Stanford heraus.
Frauen brauchen enorm lange, um einen Witz zu verstehen. Haben sie ihn aber endlich begriffen, dann allerdings lachen sie länger, als jeder Mann.
Okay, wir kennen ja die wichtigsten Mann-Weiblichen-Unterschiede: Verheiratete Männer zum Beispiel leben länger als unverheiratete, aber sie sind deutlich eher bereit zu sterben. Frauen hinwiederum sorgen sich um ihre Zukunft, solange, bis sie verheiratet sind. Und unter Verzicht verstehen Frauen die extrem kurze Zeitspanne zwischen zwei Wünschen …
Und nun ist eben erwiesen, dass und warum Frauen eine extrem lange Witze-Leitung haben:
Testpersonen mussten sich lustige Cartoon-Bilder anschauen. Dabei maßen die Forscher mit Magnetscannern die Hirnaktivität. Ergebnis: Frauen verarbeiten Witze in jener Region, die für komplexe Analysen zuständig ist, und bis diese Region einen Witz für belachbar ans Grinsezentrum weiterempfohlen hat, dauert es eben etwas länger als beim Mann, der Witze in weniger kritisch eingestellten Denkregionen verarbeitet.
Das bedeutet auch: Frauen lachen eher über feinsinnig-komplexe Komik, Männer dagegen über grobschlächtig simple Slapstik. Jeder lacht eben über das, was er am ehesten begreift.

Warum gehen Männer fremd?

Ganz klar: Weil ihre Frauen zu viel Geld verdienen!
Eine amerikanische Studie belegt: Ist ein Mann von seiner Frau finanziell komplett abhängig, steigt die Wahrscheinlichkeit, dass der arme, gebeutelte, an sich ja mittellose, kurz: bedauernswerte Mann fremdgeht, auf das Fünffache des Männernormalfremdgehwertes.
Grund: Der Mann ist unglücklich. Das nicht vorhandene eigene Einkommen stellt nämlich seine traditionelle Rolle als Familien-Ernährer in Frage. Als Ausgleich zum finanziellen unter-die-Räder-gekommen-sein geht er auf sexuelle Eroberungs-Pirsch, um wenigstens dort noch etwas zu glänzen.
Frauen dagegen, die viel weniger verdienen als ihre Männer, sind überdurchschnittlich treu.
Grund hier: Frauen sind plietscher, sagen die Forscher. Die Frau denkt ökonomischer und eher daran, dass wenn ihr Seitensprunggeschnacksel auffliegt, sie möglicherweise rausfliegt und damit ihr Lebensunterhalt den Bach runtergeht.
Zurück zu den Männern: Interessanterweise gehen auch die Herren überdurchschnittlich oft fremd, die sehr viel mehr als ihre Frauen verdienen, weil sie meist in Managerberufen arbeiten, zu Geschäftsreisen jetten und deshalb mehr Seitensprung-Möglichkeiten haben.
Die treuesten Männer leben laut Studie in Beziehungen, in denen die Frauen rund 75 Prozent des Männereinkommens verdienen.

Wie ähnlich sind sich Frauen und Affen?

Die Frage ist dazu angetan, beim fröhlichen Frauenversteher veritables Missvergnügen auszulösen. Doch dazu besteht kein Grund, denn den Affe-Frau-Zusammenhang haben durchaus frauenfreundliche Forscher entdeckt.
Es geht dabei um unsere Mimik: Lächeln, grinsen und Gesicht verziehen, genau dabei ist die Frau nämlich viel ehrlicher drauf als jeder Mann.
Laut Forscherteam ist ein hübsches Frauenlächeln so ursprünglich und naturnah wie das fröhliche Lachen unserer nächsten Verwandten, der Affen.
Ganz besonders ähnlich werden sich beide, Frau und Affe, wenn sie sich ihrem Gegenüber unterlegen fühlen. Dann zeigen beide ein sehr offenes Gesicht und ein Lächeln mit auffällig entblößten Zähnen. Dieses Verhalten soll das dominante Gegenüber beschwichtigen und für gute Stimmung sorgen.
Dabei gelten lächelnde Frauen als Normalfall in unserer Wahrnehmung, während der Lach-Mann vergleichsweise selten auftaucht. Und je höher ein Mensch in der Führungsriege einer Firma steht, desto seltener wird gelächelt, nur dass das beim Mann als normal gilt, der Frau dagegen schnell zum Attribut der Unfreundlichkeit gereicht.
Aber die Frau passt sich in jenem Falle nur männlichem Verhalten an. Der erstrebenswertere Weg wäre, wenn sich der Mann eher dem weiblichen Affenlachen-Vorbild anpasste.

Wann sollten Männer nicht lachen?

Es gibt so einige Situationen, in denen des Mannes Grinsegruben auf keinen Fall bedient werden sollten.
Typische Lachfallen sind natürlich die Frauen-Gesprächs-Themenkreise Klamotten, Gewicht und Alter.
Aber es gibt eine weitere Lachfalle: der Seitensprung.
Möchte sich ein Mann für gewisse Zeit aus der Eheoase entfernen, um körperertüchtigende Eroberungen vorzunehmen, sollte er während des Kennenlernens eines potentiellen Eroberungsobjektes auf das Lachen verzichten.
Das fanden kanadische Forscher heraus. Sie wollten wissen, welcher Gesichtsausdruck bei Hetero-Männern und -Frauen am besten beim jeweils anderen Geschlecht ankommt, unter dem Aspekt einer letztlich auf körperliche Vereinigung angelegten Anziehungskraft.
Ergebnis: Frauen fanden Lachmänner tatsächlich zum Lachen und stuften sie als vergleichsweise unattraktiv ein.
Stolzgeschwellte Brust und eisenharter Eroberungsblick hingegen wurden als besonders begehrenswert empfunden. Grund: Lächeln bedeutet zwar Freundlichkeit, aber in der Welt der Mimik auch Unterwerfung.
Männer dagegen konnten mit stolzer Frauenbrust so gar nichts anfangen; die lächelnde Frau war ihnen um ein vielfaches lieber.
Möglicherweise wartet nach diesen Ergebnissen auf die Gleichstellungs-Beauftragten dieser Welt noch eine recht erhebliche Menge Arbeit.

Wie alt sollte der ideale Lebenspartner sein?

Als ideal gilt, wenn die einzelnen Teile einer Partnerschaft so ungefähr gleich alt sind. Das fördert erheblich die Gemeinsamkeiten, denn von nostalgischen Jugenderinnerungen bis zum reifen Erwachsenendasein bieten sich viele schöne Erlebnisanknüpfungspunkte und weißt-du-noch-damals-Geschichten, über die man miteinander plaudern kann.

Liegen die Geburtsjahre dagegen zu weit auseinander, dann schwärmt der eine von der Erfindung des Fernsehens, während der andere schon im Internetzeitalter aufgewachsen ist. Das kann zu Spannungen führen.

Doch ganz so einfach ist es nicht.

Rostocker Forscher fanden heraus: Männer mit deutlich jüngeren Gefährtinnen leben deutlich länger als Männer mit gleichaltrigen Frauen. Im Schnitt sollte die Frau sieben bis neun Jahre jünger sein, dann wirkt sich der Lebenselixier-Effekt am deutlichsten aus. Grund: Der Mann wird im Alter besser gehegt und gepflegt als von einer gleichaltrigen, also ähnlich siechen Partnerin.

Bei Frauen ist das umgekehrt: Deutlich jüngere Partner verkürzen das Leben. Grund: Solche Partnerschaften sind wenig gesellschaftsfähig, dadurch entsteht für die Frau lebensverkürzender Stress.

Fazit: Entweder passen Männer und Frauen wirklich nicht zusammen, oder das Thema Lebenserwartung sollte nicht die Triebfeder für die Partnerwahl sein.

Wie und warum sollten Männer tanzen?

Ganz einfach: Frauen stehen auf Tanzmänner.
Es mag den Homo sapiens Tanz-Muffelensis sehr betrüben, aber wer auf dem Parkett eine gute Figur macht, hat viel bessere Kennenlern- und Verpaarungschancen als der am Tanzflächenrand Herumsteher.
Doch nicht jedes Tanzgehampel wirkt anziehend.
Forscher spielten Frauen Tanzvideos vor. Ergebnis: Wer auf der Tanzfläche bewegungsfaul vor sich hin latscht und drömelt, kann genauso gut weiter am Tanzflächenrand herumstehen. Der Wert auf der Frauenaugen-Bewunderungshitparaden-Checkliste tendiert in beiden Fällen gegen Null.
Ähnlich mies ergeht es Foxtrottisten und Moonwalkern.
Was Frauen wirklich anzieht, sind ausladend hüftschwingende Tänzer wie Patrick Swayze aus Dirty Dancing. Nacken, Kopf und Oberkörper müssen schweißtreibend-elegant durch die Gegend geworfen werden, und vor allem das rechte Knie muss kräftig gebeugt, gestreckt, gedreht und sonstwie tänzerisch eingesetzt werden. Auch die Beckenbewegungen sollten nicht zu kurz kommen, um noch mehr Paarungspunkte beim weiblichen Geschlecht zu holen.
Fazit: Die besten Chancen hat, wer schnell und körperbeherrscht über die Tanzfläche fetzt. Leider können das oft die am besten, die auf die feminine Bewertung gar keinen gesteigerten Wert legen …

Wie kommt der Mann zum Adamsapfel?

Ganz klar, die Frau ist schuld, genaugenommen die erste Frau, mit der wir Umgang pflegen mussten, nein: durften – Eva, das Herzchen aus dem Paradies.
Während Adam damals recht folgsam alles vermied, was Stress bedeuten konnte, pflückte Eva keck den Apfel vom Baum der Erkenntnis und schwatzte ihn Adam auf. Der biss in die verbotene Frucht hinein und, o Weh und Graus, der Apfelbissen blieb ihm im Halse stecken, als spitz-knorpeliger Wulst.
Es war die Strafe dafür, dass er auf seine Frau gehört hatte, der arme Adam, und seither lebt laut Legende jeder Mann mit der fatalen Apfelimbiss-Folge. Der Adamsapfel ist seit jenen paradiesischen Tagen sichtbares Zeichen für den Genuss der verbotenen Erkenntnisbaumfrucht.
In Wahrheit ist Adams Apfel der Kehlkopf-Schildknorpel, der, wenn er wächst und sich im pubertären Jungmannalter dehnt, die Stimmbänder inwendig mit sich nimmt und so für eine männlich satte und sonore Stimme sorgt, die der Mann der Frau gegenüber dank des kleinen Kehlkopfknorpel-Unterschiedes vorweisen kann.
Adams Apfel zieht also die Stimmbänder in die Länge; danke Eva! Das Souvenir vom Sündenfall beschert uns attraktive, tiefe Männerstimmen!
Ohne den Apfel im Halse klängen wir wie Frauen, und das will ja wirklich niemand.

Warum haben auch Männer Brustwarzen?

Natürlich, weil wir auf diesen amüsanten Luxus nicht verzichten möchten!

Im Ernst: Die Männerbrustwarzen sind heutzutage biologischer Unsinn, aber sie erinnern an unsere Stammesgeschichte, und derartige Erinnerungsstücke wirft man nicht leichtfertig über Bord.

Vor etwa 250 Millionen Jahren setzte sich die nicht ganz unpfiffige Idee durch, dass die gerade erfundenen Säugetiere in der Regel getrennte Geschlechterwege gehen sollten. Bis dahin waren wir vermutlich Zwitter, und jedes Individuum musste sicherheitshalber mit dem kompletten Bausatz an nachkommensrelevantem Aufzuchtszubehör ausgestattet werden.

Nun also, die Geschlechterteilung setzte ein, und die Männer überließen das Säugen fürderhin den Frauen. Aber bei jedem Entstehen neuen Lebens läuft bis heute im Zeitraffertempo noch einmal die ganze Entwicklungsgeschichte ab, das heißt, die ersten acht Wochen im Mutterbauch sind wir alle Zwitter. Erst danach trennen sich unsere Wege. Die Brustwarzen sind da biologisch aber schon in Auftrag gegeben, und deshalb bleiben sie den Männern auch nach dem Umschaltimpuls auf maskuline Entwicklung erhalten.

Übrigens *ganz* funktionslos sind sie ja nicht, schließlich haben sie eine luststeigernde Aufgabe im Liebesspiel zu erfüllen. Soviel Luxus hat uns die Natur denn doch mal zugestanden.

Was macht Frauen wirklich sexy?

Die Annahme, dass Schönheit nur im Auge des Betrachters liege und Attraktivität sehr subjektiv sei, ist eine zwar politisch korrekte, aber längst widerlegte Mär.
Zwar kann im Einzelfall der Schöne auch das Biest lieben, aber allgemein männliche Attraktivitätsstandards beinhalten in der Regel nicht Vokabeln wie bucklig, dick und faltig, schwabbelig, krumm und verwachsen.
Doch mitunter fallen wir auf unsere eigenen Attraktivitäts-Mythen herein. Beispiel: Lange galten lange Beine als Eintrittskarte in den Schönheits-Tempel.
Alles Quatsch, sagen australische Forscher: Was wirklich zählt, sind lange Arme.
Die Forscher zeigten einer internationalen heterosexuell veranlagten Männerschar einen bunten Bilderstrauß mehr oder minder schöner Frauen. Multikulturell-nationalitätsübergreifendes Überraschungs-Ergebnis: Lange Beine und prall gefüllte Körbchen im Frauen-Front-Bereich zwischen Hals und Bauch hievten die Damen keineswegs aufs Schönheits-Siegerpodest.
Es waren die Arme! Unbewusst stuften die Männer jene Frauen als besonders attraktiv ein, die über lange, schlanke Arme verfügten. Weitere Kriterien: Schmale Taille und hoher Wuchs. Die Beine spielten keine Rolle.
Also was macht Frauen wirklich sexy? Nicht Beine bis zu den Hüften, sondern Arme bis zu den Knien!

Wie sieht die ideale Männerbrust aus?

Als schön gilt gemeinhin, was kräftig ist, vor Muskeln strotzt und nicht nur Nähte von Hemden sondern auch die Lüsternheit des Betrachters zum Bersten bringt. Eine Frage aber haben wir lange sträflich vernachlässigt: Soll die Brust bepelzt oder haarlos sein? Wir erinnern uns an James Bond Jean Connery, der in den 70ern seine Gespielinnen reihenweise flachlegte und sie unter schwarzem Brusthaarwald geradezu begrub. Jahrzehnte später galten Haare als gruselig, dschungelig, bäuerisch. Die gestählte Brust war glattrasiert, der Slogan galt: Auf Stahl, da wachsen keine Haare! Kürzlich haben Forscher in Saarbrücken das Haarproblem zur Wissenschaftsfrage gemacht und Frauen befragt, was sie lieber mögen: Dschungel oder Stahl. Erstaunliches Ergebnis: Junge Frauen, die die Pille nehmen, lieben des Mannes Brust enthaart; weibliche Geschöpfe jenseits der Wechseljahre hingegen präferieren das pelzprächtige Bärenfell. Grund: Vermutlich sind junge Frauen, die durch die Pille Hormon-Veränderungen an ihrem eigenen Körper vornehmen, weniger scharf auf natürlich wuchernde Haardschungel bei potentiellen Partnern. Motto: Ich verändere mich künstlich, also soll sich der Partner bitte auch verändern, hin zum enthaarten Ideal.

2. Von Milchmädchen und Prügelknaben

Warum können Milchmädchen nicht rechnen?

Der milchmädchendiskriminierende Ausdruck der Milchmädchenrechnung ist hinlänglich bekannt. Das ist eine Rechnung, die garantiert falsch ist, Synonym für behämmerte Ideen und bescheuerte Projekte, und Generationen von Milchmädchen haben darunter gelitten, bis der Berufsstand der milchflaschenaustragenden Frau klaglos röchelnd im Laufe der Zeit verstarb.
Die Milchmädchenrechnung geht zurück auf den französischen Dichter Jean de La Fontaine. Im 17. Jahrhundert schrieb er Fabeln, die vorzugsweise von Füchsen, Gänsen und Störchen, Ziegen, Ratten und einmal eben auch von einem Milchmädchen handelten: Da malt sich ein Mädchen auf dem Wege zum Markt aus, was es beim Milchverkauf verdienen könnte. Es jubelt, hüpft und tanzt in freudiger Erregung, es rechnet mit hohem Verdienst und verrechnet sich dabei, denn beim Tanze verschüttet es die Milch, und damit ist er aus, der Traum vom mächtigen Milchgewinn.
Später adaptierte der deutsche Dichter Johann Wilhelm Ludwig Gleim die Fabel und brachte sie in Versform auch unters heimische Volk. Daher rührt die Milchmädchenrechnung.
Und die Moral von der Geschicht': *Tanzen kann se, rechnen nicht.* Frei nach La Fontaine und Gleim.

Wem verdanken wir die Panik?

Die Panik ist das Geschenk eines etwas durchgeknallten Gottes.

Es begab sich einst, als neben Schaf- und Schweineherden auch vielfältigste Götterhorden, namentlich in Griechenland, noch auf Erden wandelten und manch Gebiet durch Kampf verschandelten. Unter ihnen lustschandelte und wandelte auch Pan, der Wiesen-, Wald- und Hirtengott mit zottellangem Gesichtspullover und rustikal behaarten Ziegenbeinen.

Pan war ein eher lustiger Gesell. Er hat die Panflöte erfunden und liebte Tanz und Musik. Was er aber gar nicht liebte, war Halligalli zur Mittagszeit. Wenn ihm ein hornochsiger Hirt zu dieser Ruhestund' die Ruhe raubte, durch Gesang und Trallala, konnte Pan recht ungehalten werden. Er erschreckte dann vorzugsweise des Hirten Herdentiere, so dass das Herdenvolk furchtvoll davon stob, und eine Massenflucht antrat, in panischem, weil von Pan verursachtem Schrecken, aus dem sich bis heute die Panik herleitet.

Pan kreierte also neben der Panflöte auch die Panik, welche manch sensiblen Menschen heutzutage schon erfasst, wenn er CDs mit Panflötenschnulzenhits anhören muss, was dann als doppelt doof zu betrachten ist. Danke, Pan!

Was ist ein Spießbürger?

Vom eigenen Standpunkt aus betrachtet sind Spießer zunächst einmal und grundsätzlich immer die anderen.
Spießer besitzen Häkeldeckchen für den Wohnzimmertisch *Eichefurnier Rustikal* und Gartenzwerge für den zahnstocherkurzen Vorgartenrasen.
Besitzt man selbst solche Deckchen und Rasenzwerge, sind Spießer eben die, die Kombi statt Cabrio fahren und Krawatten mit Comic-Helden tragen.
Der Spießer fühlt sich moralisch immer im Recht, und er läßt seine Umwelt stets wissen, wie recht er hat. Er ist geistig so beweglich wie ein massives Felsenfundament und hasst jede Art von Veränderung.
Geboren wurde der Spießbürger im Mittelalter. Da war er noch aller Ehren wert und wohnte in Städten, die er als Bürger gegen Feinde gern verteidigte: mit Spießen.
Die Spieße waren spitze Stangen, die sich hervorragend eigneten, um den Feind am Erklettern der Stadtmauern zu hindern, solange, bis das Gewehr in Mode kam, dessen Kugeln weiter flogen als Spieße stechen konnten.
Der Spießbürger aber liebte seinen Spieß und wollte an der spießigen Kampfmethode seiner Altvorderen festhalten. Neumodische Gewehre verachtete er. Das war die Geburt des Spießbürgers, wie wir ihn kennen, als Inbegriff rückschrittlicher Engstirnigkeit.

Was ist ein Firlefanzer?

Dem Klang nach könnte es der Schweizer Ausdruck fürs Skispringen im Firnschnee sein oder der österreichische Begriff für einen formidablen, firlefantastischen Pferdekutschenfahrer in der Tradition des Firlinger Franz, der einst die sogenannte Zügelbremse erfand.

Jedoch, oh Graus, der Firlefanzer ist tot, ausgestorben, aus dem Wörtergedächtnis gestrichen. Martin Luther kannte ihn noch persönlich und schrieb einstmalen, der Firlefanzer sei einer, *der mit Worten umher träumet*, ein träumend-nichtsnutziger Plapperer also.

Von ihm geblieben ist allein der Firlefanz für Flitter, Tand, unnützes Zeug, für Schnickschnack, Mumpitz, Kokolores.

Der Firlefanz wurde in Frankreich geboren, dort unter dem Namen *virelai*. Das ist ein lustiges Spring- und Kreiseltanzlied, das vom 13. bis zum 15. Jahrhundert auch in Deutschland beliebt war. Das *virelai* mutierte dann zum *virlei, Firlifanz* und schließlich *Firlefanz*.

Dabei wurde aus dem lustigen Lied ein lustiger Lackaffe, und der wiederum wurde zum albernen Zeug, zum Tand, zum Firlefanz eben, und den gibt es bis heute, samt der Firlefanzerei, also dem firlefanzigen Verhalten und nutzlos-törichten Betragen. Es lebe der Firlefanz!

Wem verdanken wir den Tolpatsch?

Dieser liebreizende Zeitgenosse ist ein wahrer Döskopp, ein Töffel, aber kein Tölpel.
Tolpatsch ist der liebenswerte Name für unliebsame Eigenschaften, denn der Tolpatsch platzt ja im falschen Moment mit den falschen Klamotten in die falsche Kneipe, bestellt sich das falsche Getränk, schnackt die falschen Leute an und stellt sich, während er über seine eigenen Füße stolpert, so geschickt an wie sein Bruder, der als Porzellanladen-Elefant für Furore sorgt.
Der Tolpatsch ist eins unserer schönsten Worte mit Migrationshintergrund. Wir bedanken uns dafür bei Ungarns Soldaten: Im 17. Jahrhundert wurde es geboren und während der Goethezeit sehr populär, wanderte über Österreich nach Deutschland ein und bespöttelte als *talpas* ursprünglich den ungarischen Infanteriesoldaten, denn im *talpas* stecken breitfüßiges Gehen und *talp,* die Schuhsohle.
Hintergrund: Die Soldaten des Donaulandes jener Jahre trugen dicke, breite Schuhsohlen, die sie kunstvoll mit Schnüren um Knöchel und Unterschenkel befestigten. Das Ergebnis dieser liederlichen Schuhkonstruktion war ein eher schwerfälliger Gang, der mit dem *talpas,* später Tolpatsch persifliert wurde.
Anno 2008 wurde der Tolpatsch vom Goethe-Institut zum schönsten Wort mit Migrationshintergrund gekürt.

Was ist ein Hagestolz?

Das ist ein ehemaliger Jüngling, der auf seine greisen Tage nicht weise geworden, aber allein geblieben ist, was manch Hagestolz recht stolz als beste aller Lebensformen proklamiert.

Der Hagestolz ist das männliche Gegenstück zur alten Jungfer.

Als Hagestolz galt, wer selbstverschuldet willentlich die Ehe und mit ihr die permanent im Hause mitwohnende Frau in ihrer Spezialvariante als Ehefrau mied.

Der Hagestolz wurde scheel angesehen. Noch die Brockhausredaktion schrieb 1838: *Da die Folge unverheirateten Lebens oft Sittenlosigkeit ist und es dem Staate daran liegen muss, dass seine Bürger eine zahlreiche Nachkommenschaft hinterlassen, sind Hagestolze von jeher missachtet worden.*

Sittenloser Hagestolz? Spricht da der Neid der Verheirateten auf ein liederliches Lasterlotter-Luderleben? Oder die Angst des Staates, dass ihm ein potentieller Kinderproduzent verloren gehe?

Der Hagestolz kam jedenfalls nie zu seinem Recht, vor allem in Rechtsfragen, denn starb er, fiel sein Vermögen nicht Verwandten, sondern meist dem Landesherren zu.

Der Hagestolz hat seine verschwurbelten Wortwurzeln in *hag* und *stalt*. *Hag* ist eine Einfriedung und schwingt noch in dem Wort Hecke mit. Und *stalt* ist verwandt mit stellen. Also stellt sich der Hagestolz selbst abseits allein in eine einsame Ecke, etwas vergröbert ausgedrückt.

Wer hält wem warum die Stange?

Das Stangehalten ist ein freundlicher Akt der Hilfe und Zuneigung. Halter und Träger der Stangen sind männlichen Geschlechts und praktizieren den Gebrauch ihrer Stangen öffentlich.

Wer jemandem die Stange hält, unterstützt den andern und steht fest wie die Stange selbst zu ihm.

Das öffentliche Stangehalten ist Teil der schönen mittelalterlichen Justiz-Einrichtung des Gerichtskampfes. Konnten sich zwei Kontrahenten vor dem Richter nicht einigen, wer der Schuldige sei, und konnten keinerlei Zeugen aufgetrieben werden, stand also Aussage gegen Aussage, wurde zur Klärung der Schuldfrage jener Gerichtskampf angesetzt. Mit Schwert und Schild gingen die Streiter auf dem Marktplatz vor begeistertem Publikum aufeinander los.

Jeder Kämpe bekam einen Sekundanten beigestellt, mit langer Holzstange bewaffnet. Strauchelte einer der Kontrahenten, sprang ihm sein Stangenträger bei und trennte die Kämpfer. Der Stängler, wie er genannt wurde, stellte sich also schützend vor seinen Kampfmann, bevor der gänzlich zu Staub zermalmt wurde, denn bei diesen Kämpfen sollte der Gegner nicht getötet, sondern nur kampfunfähig gemacht werden.

Aus dem Gerichtskampf ist später das eher private Duell entstanden. Das Stangehalten hat sich aber sprichwörtlich bis heute erhalten.

Warum bändeln wir mit jemandem an?

Das Anbändeln ist ein Sport für Verliebte und Verärgerte gleichermaßen.

Wer mit seinem Gegenüber anbändelt oder -bandelt, will entweder die Liebe in einem Flirt oder die Faust in einem Verprügelungsakt sprechen lassen.

Der Anbandelsport wird vor allem in Österreich betrieben und ist mit der Anmache verwandt, die wahlweise unter dem Motto *Schöne Augen machen* oder *Blaue Augen bekommen* läuft.

Die Variante des Anbandelns geht zurück auf Bandelkrämer verflossener Jahrhunderte. Sie gehörten zum Fahrenden Volk und trugen eine Art Bauchladen vor sich her, in dem sich nützlicher Krimskrams fand: Zwirn und Schnur, Sieb und Korb, dazu jede Menge bunter Bänder für Rock und Kleid. So ausstaffiert, zogen die Bandlkrämer von Haus zu Haus und boten ihre Bandlwaren feil.

Manch Hausfrau war das Angeschnacktwerden durchaus recht, weil sie die Bandlkrämerbänder gut gebrauchen konnte. Andere hinwiederum fanden das Anbandeln doof und bandelten streitlustig zurück. Daher das Anbandeln in doppeldeutiger Form, mal positiv, mal negativ verstanden.

Der bandlkrämersche Haustürhausierer selbst, der einst durch alle Alpenländer und bis in die Karpaten zog, ist heute ausgestorben. Allein das Anbandeln hat überlebt.

Weshalb gehen Enten in die Binsen?

Das wunderbare Wildvogelvieh ist ja ebenso schmackhaft wie schlau. Stürzt ein Jäger sich, mit Hund und Schrotgewehr, auf das Entlein, um es zu erlegen, stürzt das Entlein seinerseits auf und davon und in die Binsen, um ja nicht dem Erlegedrang des Waidmanns zu erliegen.

Binsen finden sich am Matschmodderufer von Tümpel, Teich und Weiher, Fluss und See. Es sind staksig-lange Süßgräserstengel, wie die stumpfblütige Kröten-, Knäuel- oder Gliederbinse.

Sie wachsen in Binsendickichten, durch die sich wunderbare Wasserwanderwege winden, die einer Ente wohl die Flucht erleichtern können, entnervtem Hund und Jäger jedoch die Verfolgung schier unmöglich machen. In dem überwucherten Wasser -Erde-Modder-Mix, dort sehen sie nix, sacken ein und saufen ab. Die Fluchtente ist also erfolgreich in die Binsen gegangen: Gut für den Vogel, schlecht für den Jäger, und weil es für den Waidmann von Übel ist, verwenden auch wir den Binsen-Schnack immer dann, wenn uns etwas abhanden gekommen, verloren gegangen oder misslungen ist.

Verständlich, dass der Satz *da ist einer in die Binsen gegangen* in den Schnattersprachen von Wildenten und Gänsen viel positiver klingt als in jedem Menschengespräch.

Welche Aufgaben hat der Prügelknabe?

Es ist ein sehr spezieller, heute ausgestorbener Knabe. Sein Name erklärt, was der Körper erdulden musste. *Prügel* ist der mittelhochdeutsche Ausdruck für Knüppel, und der Knüppelknabe wurde unter Umständen zum Krüppelknaben, wenn zu viele Knüppel auf ihn niedersausten.

Die Knaben stammten aus armen Familien und lebten bei Hofe, gemeinsam mit dem Edelmann- und Prinzennachwuchs. Hatte ein aufmüpfiges Prinzlein nun etwas verbrochen, wofür es Strafe verdiente, musste statt seiner der Prügelknabe ran, denn Prinzen prügeln zwar selbst, aber sie werden nicht verprügelt. So bezog der extra dafür rekrutierte Knabe die Dresche stellvertretend. Der Prinzensohn sah dabei zu, und das konnte je nach Verhältnis zwischen Prinz und Prügelknabe, schließlich waren sie auch Spielgefährten, durchaus pädagogische Wirkung entfalten, dergestalt, dass sich das Prinzlein seiner Taten und der Stellvertreter-Prügel schämte und hernach durch besseres, liebevolleres eigenes Verhalten dafür sorgte, dass der Prügelknabe nicht zu oft verdroschen wurde.

Aus der guten alten Zeit hat sich der Begriff bis in unsere Tage gerettet. Der Prügelknabe wird für Verfehlungen bestraft, die ein anderer begangen hat.

3.
Von Glücksscherben und Meuchelpuffern

Bringen Scherben wirklich Glück?

Das kommt ganz auf die Scherbe an. Spiegelscherben bescheren ihrem Urheber ja abergläubische sieben Jahre Pech.

Ganz allgemein gilt zerbrochenes Glas als übler Mentalwundenverursacher, denn Glas war vorzeiten derart kostbar, dass man unvorsichtige Bewegungslegastheniker unbedingt durch bescheuerte Sinnsprüche wie *Glück und Glas, wie leicht bricht daaas* vor grobmotorischer Glaszertrümmerung warnen musste.

Auch das Zerschlagen und Zerlegen einer Mingvase in ihre Einzelteile bringt dem Vasenzerleger meist das Gegenteil von Glück ins Haus.

Welche Scherben aber bringen dann soviel Frohsinn ein, dass sie es bis zum Sprichwort schafften?

Nun, ursprünglich waren mit den Glücksscherben nicht Gefäßruinen, sondern heile Gefäße gemeint. Insbesondere Töpfertöpfe, also aus Lehm gebrannte Krüge und Kannen, wurden Scherben genannt. Und je mehr dieser Scherben gut gefüllt mit allerlei Vorräten im Hause standen, desto mehr Glück im Sinne von Wohlstand war dem Scherbenbesitzer beschieden.

Erst im Laufe der Zeit ist der Glücksscherbenspruch auf zerdeppertes Geschirr übergesprungen. Dass hinter dem Bedeutungswandel windige Werbestrategen der Porzellanindustrie stecken, ist ein leider leicht widerlegbares Gerücht.

Wo sitzt der Gesichtserker?

Es ist der gelegentlich gnubbelig-knollige, oft grazil-aristokratische körperbauliche Vorsprung jedes Antlitzes: der Riechzinken, unsere Nase.

Entstanden ist der Gesichtserker wohl im 19. Jahrhundert als Parodie auf Wortschöpfungen selbsternannter Sprachsittenwächter. Seit dem Barock wollten sie das Deutsche von ausländischem Vokabular reinigen.

Diese Sprachpuristen hatten einigen durchschlagenden Erfolg, denn dank ihres Eindeutschungseifers dürfen wir etwa das Parterre als Erdgeschoß bezeichnen, die Debatte als Streitgespräch und die Bibliothek als Bücherei.

Doch ihr Eifer geriet zum Wahn, und ihre Übersetzungen changierten zwischen skurril und skandalös. So sollte das lateinische Wort Natur durch Zeugemutter ersetzt werden.

Der ebenfalls lateinische Soldat wurde übersetzt mit Menschenschlachter. Und die italienische Grotte mit Lusthöhle.

Das schlimme dabei: Die Vorschläge waren ernstgemeint. Bis heute kritteln und klittern Sprachpuristen an vorgeblicher Sprachverlotterung herum.

Auch Goethe kannte den homo sapiens sprachnörgelensis und widmete ihm diesen schönen Satz: *Der Purist. Sinnreich bist du, die Sprache von fremden Wörtern zu säubern, Nun so sage doch, Freund, wie man Pedant uns verdeutscht!*

Was verstehen wir unter dem Erikativ?

Seufz. Grübel. Nachdenk.
Wir fangen mal so an: Nach Ende unserer Höhlenmenschenzeit sprachen wir in ganzen Sätzen mit gebeugten und ungebeugten Verben: *Ich erkläre Ihnen den Erikativ,* das wäre so ein Nachhöhlenmenschensatz gewesen.
Mit der neuen Verbform des Erikativs geht's schneller, da heißt es nur noch: *Erikativ erklär.* Wer hier wem was erklärt, ist klar, auf überflüssige Pronomen wie *ich, ihnen, wir* kann deshalb verzichtet werden. *Stöhn.*
Der Erikativ wurde vor etwa 60 Jahren eingeführt. Er tauchte zum ersten Mal in der deutschen Mickey Maus auf, als Teil der Sprache Entenhausens. Wenn stotterschnatternde Schnösel wie Donald oder Nervneffen wie Tick, Trick und Track Bedeutendes zu sagen haben, würzen sie ihre Sprechblasensprache mit Erikativverben. Das sind Lautäußerungen wie *stotter, quietsch, brems, blaff* und *knacks* oder außersprachliche Tätigkeiten wie *schlotter, fröstel, räkel, kopfkratz* und *grins.*
Gebildet wird der Erikativ durch unverbisches Weglassen der Infinitivendung. Aus *gähnen* wird *gähn* und aus *plantschen plantsch.*
Benannt wurde die Verbform nach der legendären Disney-Übersetzerin Erika Fuchs, die jahrzehntelang Comic-Heldensprache ins Deutsche übertrug und dabei ihren Erikativ einführte. *Ächz. Freu.*

Was haben Autobahn und Eisenbahn gemeinsam?

Beide leiden unter der Katastrophenkrankheit der Sprachentwicklung: Inkonsequenz.
Während auf der Autobahn Autos fahren, fährt ja auf der Eisenbahn kein Eisen. Die Eisenbahn, *mit* der wir fahren, ist in Wahrheit die Eisenbahn, *auf* der wir fahren. Pars pro toto ging der Name dieser besonderen Wegvariante auf das Verkehrsmittel selbst über, das heute auch noch verkürzt unter Bahn firmiert, was wortschwurbulantinischer Totalunsinn ist, denn Bahn ist der Weg und nicht das Verkehrsmittel.
Lexika wie der Brockhaus von 1837 erklären noch den ursprünglichen Wortsinn: Eisenbahnen seien *fahrbare Straßen mit festen Geleisen von Eisenschienen, auf denen die Räder der Wagen laufen*. So und nicht anders!
Übrigens sind schienengeführte Straßen keine Erfindung der Neuzeit. Schon die Alten Ägypter vor 4.000 Jahren kannten Spurrillenstraßen. Das waren meist abgerundete, von der Mitte zu den Seiten abfallende Pflasterstraßen, durch deren akribisch angelegte Rillen recht reibungsarm selbst Fuhrwerke mit großen Lasten bewegt werden konnten.
Die ersten Eisenbahnen in Form richtiger Eisenschienen finden wir dann ab 1776 in England. Sie erleichterten dort den Waggontransport von Erz und Gestein aus den Bergwerken des Landes.

Was hat Milch am Himmel zu suchen?

Wir schauen in sternenklaren Nächten zum Firmament und spüren: Es ist alles wahr, was uns das Kino weismachen will. Der Weltraum, das sind unendliche Weiten. Unser Auge dringt in Galaxien vor, die nie ein Mensch bisher betreten hat.

Und zwischen all den Sternen fließt die Milch. Wir sehen ein geschwungenes Sternenband, das ist die Milchstraße. Auch wir leben auf dieser seltsamen Chaussee mit ihren 300 Milliarden Sternen. Und während das Licht von der Erde zum Mond so bummelig eine Sekunde und zur Sonne gut acht Minuten braucht, wenn es nicht bummelt – und Licht bummelt grundsätzlich nicht – ist es von einem Milchstraßenende zum nächsten 100.000 Jahre unterwegs.

Doch was hat ein Brust- und Euterprodukt wie Milch am Himmel zu suchen?

Nun, bei Sternenlicht betrachtet, sieht die Milchstraßen-Sternenhäufung schon irgendwie milchig aus. Genau das dachten auch die alten Griechen und nannten das Sternenband *galaxías*, abgeleitet von *gala*, Milch, also: Milchstraße. Genaugenommen ist deshalb jede Galaxis eine Milchstraße.

Die entsprechende Milchsage dazu: Zeus setzte seiner Hera einst ein Kind an die Brust, das zwar von ihm, aber nicht von ihr stammte. Hera merkte das, schmiß das Kind weg, und dabei spritzte ein Milchstrahl aus ihrer Brust an den Himmel: das ist die Milchstraße. Alles klar?!

Wie schmierig ist Schmiergeld?

Wer Münzen oder Geldscheine in Öl badet, erhält natürlich schmierigen Zaster, das ist klar. Doch diese Variante des Schmiergeldes darf als Ausnahme betrachtet werden.

Im Allgemeinen verbinden wir mit dem Begriff eher die Kohle, die aus Bestechungsgründen gezahlt wird, und das schon sehr lange. Das bestechliche Schmieren ist seit dem 13. Jahrhundert bekannt. Allerdings sprachen wir früher eher davon, jemandem die Hand zu schmieren.

Das Schmier*geld* taucht als *Smeergeld* im Plattdeutschen wohl erst um 1700 auf, und noch Ende des 19. Jahrhunderts war es im Hochdeutschen nahezu unbekannt.

Dafür war lange ein ganz anderes Schmiergeld geläufig, und das wurde auch völlig legal bezahlt. Es stammt aus alten Postkutschenzeiten. Der Reisende musste damals nicht nur seinen Fahrpreis entrichten, sondern hatte allerlei nützliche Zusatzkosten zu tragen: Brückengebühr, Wegezoll und eben Schmiergeld. Davon wurde die Wagenschmiere bezahlt, die der Postkutschenmeister beim Kutschenputzen regelmäßig auf die Kutschenachsen draufschmieren musste, damit die Räder nicht festgammelten und zu sehr quietschten.

Schmiergeld: ursprünglich eine ehrbare Angelegenheit, damit alles wie geschmiert lief.

Warum heißt die Kichererbse Kichererbse?

Der Name gibt Rätsel auf. Natürlich sieht die Kichererbse mit ihren gefiederten Blättern sowie weißen bis violetten Blüten und Früchten recht adrett aus. Dennoch kommt beim Betrachten einer Kichererbse in der Regel nicht wesentlich mehr Heiterkeit auf, als beim Bestaunen einer Bohne oder Brombeere.

Und tatsächlich: Die Kichererbse hat mit Lachen, Schmunzeln und Kichern nichts zu tun.

Das schmackhafte Gewächs pflegt aber enge verwandtschaftliche Beziehungen etwa zu Düsenjets. Denn die Kichererbse ist ein astreiner Pleonasmus, sprachlicher Überfluß. Sie beinhaltet eine Wortwiederholungs-Verdoppeldeutelung, denn so wie ein Jet übersetzt Düse heißt und der Düsenjet also ein Jetjet oder eine Düsendüse ist, jedenfalls ein Jet immer ein Düsenjet ist, genauso klar ist, dass eine Kicher immer eine Erbse ist.

Schuld am Wortüberfluss sind die alten Römer. Sie nannten die Pflanze *Cicer* oder *Kiker*, und das bedeutet Erbse. Im Althochdeutschen wurde daraus *Kichera*. Aber weil sich der Neuhochdeutsche unter *Kichera* so recht nichts rechtes mehr vorzustellen wusste, setzte er die deutsche Erbse an die römische Erbse hintendran, und fertig war die Kicher-Erbse, was einfach Erbsenerbse heißt.

Weshalb werfen wir Perlen vor die Säue?

Wir schmeißen die wertvollen Kalkkugeln, für deren edelste Exemplare mehrere Millionen Euro gezahlt werden, dem ebenso schmackhaften wie übelriechenden Viergebein immer dann vor die Schnauze, wenn wir Edles und Schönes einem Menschen kredenzen, der die gute Gabe nicht zu schätzen weiß.

Eine vor die Sau geworfene Perle kann ein Buch sein, das wir dem Nichtleser vermachen oder Geld, das wir dem Verschwender leihen oder Champagner, den wir dem Abstinenzler servieren.

Der Perlen-Sauspruch ist uralt. Er stammt aus der Bergpredigt. Jesus sagt dort: *Ihr sollt das Heilige nicht den Hunden geben und eure Perlen sollt ihr nicht vor die Säue werfen, damit die sie nicht zertreten mit ihren Füßen.*

Perlen waren schon damals wertvoll, bekannt als Symbol von Reichtum und Reinheit. Schweine dagegen galten als unreine Tiere, als das Allerletzte sozusagen. Deshalb bedeutet der Spruch schon im Original, man solle darauf achten, wem man wirklich wertvolles angedeihen lassen möchte, denn womöglich weiß der also Beschenkte das Geschenk gar nicht zu würdigen.

In Deutschland wurde der Spruch mit Luthers Bibelübersetzung im 16. Jahrhundert sehr schnell sehr populär. Einzelne Spuren führen allerdings bis ins 12. Jahrhundert zurück.

Seit wann ist alles in Butter?

Wir lieben diese Momente, wenn wir uns den Butterspruch aus vollem Herzen aufsagen hören, denn dann ist wirklich alles in Ordnung, Probleme sind weit weg und die Welt ist im Lot, jedenfalls der von uns überblickbare Ausschnitt derselben.

Dabei dürfen wir den alles-in-Butter-Schnack durchaus wörtlich nehmen. Entstanden ist er im Mittelalter, in einer Zeit, als Styroporverpackungen und gepolsterte Transportkisten noch nicht erfunden waren. Schon damals musste aber wertvolles Glas und teures Porzellan befördert werden, auf Pferdekarren meist über lange rumpelig-schlaglochreiche Wege, und es gibt bis heute kein Glas, das eine solche Transporttortur lebend und in einem Stück überstehen könnte.

Also nahm man, wenn zerbrechlich-wertvolles von A nach B zu schaffen war, ein großes Holzfass. Dort hinein wurden liebevoll vorsichtig Teller, Tassen und Krüge gestellt und hernach mit heißer Butter übergossen. Kühlt die Butter ab, wird sie wieder fest und das teure Transportgut ist perfekt gegen jegliche Erschütterung fixiert und geschützt.

Am Ziel des Weges angelangt, wurde der Überbringer der Ware lediglich gefragt: *Na, ist alles in Butter?*

Soll heißen: Ist mit dem Porzellan-im-Butter-Faß noch alles in Ordnung?

Was ist ein Meuchelpuffer?

Diesen skurrilen Ausdruck hat Philipp von Zesen erfunden.
Der Mann war Schriftsteller. Er hat Gedichte, Romane und Benimmbücher geschrieben, fast 90 an der Zahl, und er war ein glühender Verfechter der deutschen Sprache.
Um selbige vor fremdländischen Einflüssen zu schützen, gründete Zesen 1642 in Hamburg die *Deutsch-Zunft*. Eine Gesellschaft, die sich der Sprachpflege verschrieb. Zesen befürchtete schon damals den nahenden Niedergang des Deutschen durch allzu umfangreiche Verfremdwörterung, und so deutschte er ausländische Wörter auf Teufel komm raus ein.
Dabei produzierte er manch Wunderwort. Der Meuchelpuffer etwa ist Zesens Übersetzung für das ungeliebte tschechische Lehnwort Pistole. Zu des Dichters Leidwesen setzte sich der Meuchelpuffer aber schon zu seinen Lebzeiten nicht durch.
Ähnliches Schicksal erfuhr die Alternative zum lateinischen Fremdwort Kloster: der Jungfernzwinger.
Auch dem Tageleuchter ward nie ein volkssprachliches Leben beschieden, weil sich das Volk viel zu sehr ans lateinische Fenster gewöhnt hatte. Den Tageleuchter mochte es dafür nicht eintauschen.
Schade nur, dass sich auch Zesens Lotterbett nie durchgesetzt hat als Synonym für's arabische Sofa. Lotterbett ist doch nun wirklich schön...

4. Von Rochenmenüs und Liebesmahlzeiten

Was hat es mit dem Gammelrochen-Tag auf sich?

Während wir zu Weihnachten Karpfen oder Gans verspeisen, haben die Bewohner einer abseits liegenden Insel einen extrem abseitig anmutenden Festschmaus entwickelt. Die Nachfahren der alten Wikinger laben sich am liebsten an alten und für unsere Begriffe nur noch ehemaligen Nahrungsmitteln. Was bei uns unter Strafe steht: Gammel-Fleisch – ist auf Island unbedingtes Muss zum Fest der Feste.

Isländer verspeisen Gammelrochen am Tag vor Heiligabend, der im Volksmund *Þorláksmessa* heißt, Tag der stinkenden Rochen. Passendes Gericht zum Ende der Advents-Fastenzeit: erbärmlich stinkend und halb verwest.

Das Gericht heißt *Kaest Skata* und ist tatsächlich fermentierter, also verwester Rochen. Frisch ist der Fisch hochgiftig, denn seine Harnsäure speichert er nicht wie andere Tiere in der Harnblase, sondern überall im Körper.

Doch irgendwann hat ein durchgeknallter, todesmutiger, geruchsnervenloser und vermutlich extrem hungriger Wikingernachfahre erkannt, dass man das Giftvieh doch essen kann, vorausgesetzt man lässt es lange genug verrotten. Mindestens einen Monat muss der Gammelrochen vor sich hin verwesen, bis der giftige Harnstoff abgebaut ist und der Rochen … na ja – essbar vielleicht nicht in unserm Sinne, aber immerhin nicht mehr automatisch tödlich ist.

Wer hat den Eisbecher erdacht?

Die süßbunte Gaumen-Gefrierfreude soll von einem Apotheker kreiert worden sein, unter schnabulierender Beteiligung eines Pastors.

Wir schreiben das Jahr 1892. Schon im April ist es brütend heiß im Staate New York. Da schlendert schwitzend eines Sonntags im Städtchen Ithaca Reverend John Scott nach dem Gottesdienst durch die Straßen. Er ist auf dem Weg zu einem Plausche bei seinem Freund, dem Apotheker Chester Platt.

Die beiden Männer machen es sich in der Bruthitze gemütlich, und Apotheker Platt ordert durch einen seiner Angestellten eine kleine Erfrischung für sich und seinen Freund: köstliches Vanilleeis.

Als die Leckerei eintrifft, greift der Apotheker aus einer Laune heraus in ein Kistchen mit kandierten Kirschen, streut sie über das Eis und gießt aus einer zufällig herumstehenden Flasche noch etwas Kirschsirup über das Eis – fertig ist der erste dokumentierte Eisbecher der Geschichte.

Das kulinarische Arrangement mundet den Herren so gut, dass Patt wenig später zur Vermarktung schreitet. Tage später verkauft er schon das bekirschte Eis.

Als *cherry sunday* beginnt es seinen Siegeszug und wird sehr bald in vielen Variationen angeboten. Aber das Eisbecher-Original von 1892 bleibt natürlich das Vanilleeis mit Kirschen und Kirschsirup.

Warum heißt der Hamburger Hamburger?

Die Herkunft des Hamburgers *auf zwei Beinen* ist klar. Er führt sein Hanseatendasein auf die alte Hammaburg zurück, das heutige Hamburg.
Die Herkunft des Hamburgers *zwischen zwei Brötchen* ist schwieriger zu enträtseln.
Den frühesten Beleg finden wir 1842 in einem amerikanischen Kochbuch. Miesepetrige Mauler mögen mahnend mäkeln, amerikanische Kochbücher gehörten zu den dünnsten Büchern der Weltgeschichte, kulinarisch Hochwertiges könne darin nicht stehen.
Naja ... es stand eben der Hamburger drin, genauer: das Hamburger Steak. Gemeint war eine gebratene Rinderhackscheibe, also ein plattgekloppter Klops.
Der nächste Hinweis findet sich 1885 auf einem Rummel in der gerade gegründeten Stadt Hamburg bei Buffalo. Da ging steakbrutzelnden Imbissbudenköchen der Schweinebraten aus, aber Rinderhack war noch vorhanden. Das Hack wurde zermanscht und gebraten in ein Brötchen gestopft als Hamburger verkauft, weil die Hackbrater aus Hamburg nach Hamburg eingewandert waren.
Auf der Weltausstellung in St. Louis 1904 wurden dann endlich richtige Weizenbrötchen-Fleischwolf-Klopse als Hamburger verkauft, und der weltweite Siegeszug begann.
Der Ursprung des Hamburgers liegt also wohl wirklich in Hamburg und eroberte durch deutsche Einwanderer zuerst die Neue und dann den Rest der Welt. Mahlzeit.

Wer oder was ist ein Carpaccio?

Das ist ein venezianischer Renaissancemaler, dessen Bilder in roten Rindfleischfarben dem Betrachterauge formidable Freude vermitteln. Auf Carpaccios Bildern finden sich auch immer wieder altweißbeige Bettlaken und dergleichen, die farblich an Mayonnaisesauce gemahnen, womit wir uns vom augen- zum magenfreundlichen Carpaccio bewegen, denn das namensgleiche Essen bezieht sich auf den Maler, und das kam so:

Im Jahre 1931 eröffnete Guiseppe Cipriani in Venedig ein gemütliches Lokal und nannte es *Harry's* Bar. Hier aßen und tranken sich Truman Capote und Ernest Hemingway, Orson Wells und Charlie Chaplin durch lauschige Lagunenstadtabende hindurch.

Unter den Gästen fand sich auch eine Gräfin: Amalia Mocenigo. Besagte Dame sollte auf Anraten ihres Arztes Diät halten und keine gekochten Speisen zu sich nehmen. Also nahm sich Cipriani die Freiheit, ein gräfliches Diätessen zu ersinnen. Er drapierte hauchdünne, rohe Rinderfiletscheiben fächergleich auf einem Teller und kredenzte dazu seine bereits bekannte milchweiße Universal-Sauce aus Mayonnaise, Pfeffer, Salz, Worcestersauce, Zitronensaft und Milch.

Das war 1950. Und weil sich die Farben des venezianischen Malers Carpaccio mit den Farben des venezianischen Diätessens deckten, nannte der pfiffige Küchenchef seine Kreation eben Carpaccio.

Macht sauer wirklich lustig?

Oh ja und wie!
Diese Volksweisheit ist wirklich wahr. Saure Gurken und Heringe sind die Klassiker. Die füllen nach durchzechter Nacht den Mineralstoffhaushalt des Körpers wieder auf, und sie sorgen dafür, dass unser Gehirn in Hülle und Fülle Serotonin produziert, das Glückshormon, das uns lächeln lässt und lustig macht.
Ähnlich erfolgreiche Muntermacher sind Zitronensäure, Rhabarber und Sauerkraut. Alle drei sind ausgesprochene Vitamin-C-Bomben, die den Körper zusätzlich in Schwung bringen. Auch Brombeeren, Johannisbeeren und Sauerkirschen kurbeln durch ihre Fruchtsäuren den Kreislauf an, heben dadurch die Stimmung und löschen nebenbei hervorragend den Durst.
Nun mag manch moderner Gesundernährungstheoretiker einwenden, zu viel saure Säure schade uns. Wohl wahr, doch wir wollen Zitronensäure ja nicht literweise trinken, und außerdem werden Sodbrennen und das Übersäuern unseres Stoffwechsels nicht von Rollmöpsen und Essiggurken verursacht, sondern durch zu viel Zucker, Alkohol und Fleisch.
Fazit: Was wirklich sauer *schmeckt*, macht lustig. Der Rest stößt im Zweifelsfalle nur sauer auf.

Wann werden Eier grün?

Klare Antwort: wenn sie der Koch im kochenden Kochtopf vergessen hat.

Nach etwa 15 Minuten entsteht zwischen Eiweiß und Eigelb eine spinatige Korona in Eigrün. Der unansehnliche Grünkranz ist ein Zeichen dafür, dass bei näherer Betrachtung Eiweiß und Eigelb, ähnlich wie Männer und Frauen, nicht zusammenpassen.

Grund: Eigelb enthält Eisen, das beim Kochen freigesetzt wird und Richtung Eiweiß wandert. Im Eiweiß wiederum wird Schwefelwasserstoff freigesetzt, das Richtung Eigelb wandert. Eisen und Schwefelwasserstoff treffen sich an der Grenze zwischen Eiweiß und Eigelb, und durch chemische Reaktion entsteht grünliches Eisensulfid.

Das Sulfid entsteht übrigens bei jedem Eikochgang, aber nach ungefähr einer Viertelstunde hat sich so viel von dem Zeug angesammelt, dass es sichtbar wird und besagter ekelgrüner Ring entsteht, der freundlicherweise anzeigt, dass das Ei die Konsistenz von Schuhsohlengummi erreicht hat.

Übrigens ist der Schwefelwasserstoff aus dem Eiweiß schuld daran, dass Silberlöffel niemals zum Eieressen verwendet werden sollen; denn der Schwefelwasserstoff ist auch nach dem Kochen noch aktiv und verbindet sich mit dem Silberlöffelsilber zu Silbersulfid, und das lässt den Löffel schwarz anlaufen.

Wie kommt die Teewurst zu ihrem Namen?

Zunächst sei festgehalten: Die Wurst wird nicht aus Tee gemacht, nicht über Teeblättern geräuchert, und schon gar nicht wird, mit Wasser übergossen, aus ihr aromatischer Wursttee.

So wie sich in Lachsschinken keine Lachse, in Hundekuchen keine Hunde und in Hirtensalat keine Hirten, fein zermörsert und gemahlen, tummeln, hat auch der Tee in der Teewurst nichts zu suchen.

Die streichzarte Rohwurst aus zwei Dritteln Schweine- oder Rindfleisch und einem Drittel Speck bekleidet in der Wurstfamilie den Posten des Kindes. Sie ist jung, wurde erst im 19. Jahrhundert geboren, in Rügenwalde in Hinterpommern.

Die Stadt an der Ostsee galt als wahres Wurst-Dorado, und dort soll eine Schlachtersfrau um 1866 das Würzwurst-Familien-Rezept der Firma ihres Mannes übereignet und damit einen Wurst-Boom ausgelöst haben.

In den folgenden Jahren war die Wurst noch namenlos. Das änderte sich, als klar wurde, wie und wo die Wurst am liebsten gereicht und gegessen wurde: auf kleinen Schnittchen zum Tee. Daher der Name Teewurst.

Eigentlich müsste sie also die *Zum-Tee-Wurst* heißen.

Bis heute dürfen nur Firmen, die einst in Rügenwalde ansässig waren, ihre Wurst Rügenwalder Teewurst nennen. Alle anderen müssen sich mit Teewurst nach Rügenwalder Art begnügen.

Seit wann poppen wir Mais?

Das in der Fachsprache Poppen genannte Explodierenlassen von Maiskörnern zum Zwecke der Popcornproduktion ist eine recht alte Beschäftigung.
Die Körner aus den gelben Kolben werden heutzutage gepoppt oder ungepoppt zum selbst aufpoppen im Handel vertrieben, und es scheint, als habe die Kinowirtschaft den Poppmais ersonnen. Tatsächlich ist er in deutschen Kinos aber flächendeckend erst seit den 80er Jahren zu haben.
Die ersten Popmaisproduzenten waren wohl mexikanische Indianer. Forscher fanden bei den Azteken 4.000 Jahre alte Maiskörner, die zu jenen puffpopfähigen Arten zählen, aus denen allein das Popcorn entsteht.
Normaler Futtermais ist dazu ungeeignet, es muss schon eine Sorte mit möglichst dünner, harter Schale sein. Bei 250 Grad Celsius dehnt sich die heiße Maisstärke im Innern des Korns dann so aus, dass die Schale reißt und der Mais explosionsartig aufpoppt.
Die Azteken aßen Popcorn genauso gern wie sie es ansahen, denn die explodierten Körner wurden auch als Schmuck getragen. Darüber hinaus wurden sie als Orakel verwendet. Je nach Form und Poprichtung der davonspringenden Körner wurde die Zukunft vorhergesagt.
Als Kolumbus 1492 Amerika erreichte, entdeckte er auch den Mais und brachte ihn mit nach Europa.

Woher kommt die Brezel?

Zweifelsfrei gesicherte Erkenntnisse zur Brezelgeschichte liegen den Gourmethistorikern leider nicht vor, aber zum ersten Mal wird das Knetteig-Verknotigungs-Gebilde im Jahre 743 erwähnt. Es erfreute seinerzeit Gaumen und Mägen von Kirchenfürsten.

Die gemeine Laugenbrezel wohl auch tatsächlich in klösterlichen Bäckereien aus römischen Ringbroten, also Brotkringeln entstanden, die eine gewisse Bedeutung als Fastenspeise besaßen.

Aus der kirchlichen Brezeltradition heraus darf man auch behaupten: Die Brezel ist ein formvollendetes *Gebetgebäck*, das andächtigste, das wir besitzen, denn die Form der Brezel soll der Überlieferung zufolge einen betenden Mönch zeigen. Früher betete man mit über der Brust gekreuzten Armen, die Hände auf die Schultern gelegt. Genau dieser Armhaltung, gespiegelt und verdoppelt, folgt selbst die moderne Biergarten- und Partybrezel.

Ihr Name verrät übrigens einiges über diese ihre Herkunft, er stammt nämlich vom lateinischen *bracchium* für Unterarm ab. Guten Appetit also beim nächsten Arm-Beißen!

Wie schmeckt die Liebe?

Auf diese selten gestellte Frage hält der Volksmund eine wissenschaftlich komplett überholte Antwort bereit. Wenn jemand nämlich zu kochen versucht, selbiges aber in abenteuerlichem Herumexperimentieren mit Nahrungsmitteln endet und das nur noch sogenannte Essen hoffnungslos versalzen ist, spricht der Beobachter oft die absurd blödsinnigen Worte: *Ist das Essen versalzen, so ist der Koch verliebt.*

Falsch, sagen Forscher aus Bremerhaven. Wer verliebt ist, kann salzig und sauer sogar besonders gut schmecken, würde also nie ein Essen versalzen. Eines Verliebten Geschmacksnerven sind dagegen komplett gestört, wenn es um Süßes und Bitteres geht. Schokolade und Mandeln für frisch Verliebte sind demnach so etwas wie vor die Säue geworfene Perlen.

Grund: Ein verliebtes Gehirn stößt viel weniger Serotonin als ein nichtverliebtes aus. Der Botenstoff ist aber ein wichtiger Mitarbeiter der Geschmacksnerven, bei der Früherkennung süßer und bitterer Stoffe. Dagegen spielt Serotonin bei salzigen und sauren Geschmacksangriffen vermutlich kaum eine Rolle, so dass dem Verliebten das Gefühl für diese Reize erhalten bleibt.

Mit anderen Worten: Liebe schmeckt nicht bitter-süß, sondern sauer-salzig, wenn man's mal ganz genau nimmt.

5.
Von
Katzenkaffee
und
Brillenbier

Was ist Katzenkaffee?

Das ist der teuerste Kaffee der Welt.
Pro Jahr werden rund 300 Kilogramm von *paradoxurus hermaphroditus* persönlich produziert, das ist der Fleckenmusang, eine Schleichkatze, die wir in Südostasien treffen.
Diese Katze von der Größe eines mittelgroßen Hundes frisst auf nächtlichen Streif- und Raubzügen mit großem Genuss Kaffeekirschen. Das Kirschen-Fleisch verdaut sie, doch mit der eigentlichen Kaffee-Bohne kann der Katzenkörper nichts anfangen. So wandert die Bohne, ähnlich hiesigen Kirschkernen, munter durch den Katzendarm und landet irgendwann fein fermentiert, also gut gegoren, wieder in freier Natur im übelriechenden Katzenkotklo.
Die Haufen werden vom homo sapiens durchstöbert. Die einzelnen Bohnen werden gesammelt, gewaschen und geröstet – und dann mit Wasser aufgegossen genossen.
Beim langen Weg der Bohne durch den Katzendarm werden dem Kaffee bestimmte Bitterstoffe entzogen. Das führt zu einem ganz außergewöhnlichen Katzenkaffee-Geschmack. Von Kennern wird er als vollmundig mit sirupartigem, modrig-mildem Schokokaramellaroma beschrieben. Weltweit vertrieben wird er unter dem Markennamen *Kopi Luwak*.
Ein Kilogramm des Edelekel-Katzenklokaffees kostet bis zu eintausend Euro.

Funktioniert das legendäre Schöntrinken wirklich?

O ja! Englische Forscher haben den ultimativen Attraktivitäts-Sauf-Test gemacht. Sie verabreichten ihren Probanden wahlweise Saft oder Alkohol und ließen sie dann Fotografien von mehr oder weniger ansehnlich wirkenden Zeitgenossen bewerten.
Ergebnis: Wer nüchtern war, konnte einigermaßen überzeugend kundtun, wen er schön oder hässlich fand. Wer aus wissenschaftlichen Gründen beschwipst worden war, bewertete dagegen sämtliche Fotos, auch offensichtliche Freakgesichter und wenig ansehnliche Mitmenschen, als durchweg schön oder wenigstens annehmbar, überraschenderweise sowohl bei Bildern des jeweils anderen als auch des eigenen Geschlechts.
Die enthemmende Wirkung des Alkohols greift also offenbar auch bei Menschen, die unter sexuellen Aspekten nicht ins Beuteschema passen.
Warum das so ist, darüber rätseln die Forscher noch.
Bleibt für frustrierte Disco-, Kneipen- und Partygänger die jetzt endlich auch wissenschaftlich fundierte Erkenntnis: Schöntrinken funktioniert tatsächlich, ganz nüchtern betrachtet.

Was ist ein Cocktail?

Das ist ein meist umdrehungsreicher, oft sahnig-cremiger, schmackhaft-verführerischer Hahnenschwanz.
Cock ist im Englischen der Hahn und *tail* sein bestes Stück, der kunterbunte Schwanz.
Wie, wo und warum das Getränk selben Namens entstand, ist nicht ganz klar, aber folgende Erklärung scheint die plausibelste:
Der Cocktail, dieser ganz spezielle Trinkschwanz, soll in Südamerika erfunden worden sein. Einwanderer gönnten sich Mitte des 19. Jahrhunderts das zweifelhafte Vergnügen martialischer Hahnenkämpfe. Die bunten Schwanzfedern des Verliererhahnes, soweit noch vorhanden, gingen als Trophäe an den Besitzer des Gewinnerhahnes. Auf den Sieg wurde dann mit einem promillereichen Getränk angestoßen: *on the cock's tail,* auf den Hahnenschwanz.
Das Gesöffchen enthielt meist einen Mix aus billigem Whiskey sowie Honig, Zucker, Saft und Früchten, die den Billigschnaps etwas erträglicher schmecken ließen. Auch optisch erinnert der oft schillernd-schäumend-schön aufgemozte Cocktail an ein imposant-befiedertes kunterbuntes Hahnen-Hinterteil.
Einige der berühmtesten Trinkschwänze sind Swimming Pool und Sex on the Beach, Mai Tai und Kir Royal, Cuba Libre und Caipirinha.
In Deutschland startete der süffige Hahnenschwanz seinen Siegeszug erst Ende der 1950er Jahre. Heute ist er aus keiner Bar wegzudenken.

Was verstehen wir unter dem Lederhosen-Test?

Das ist ein altes, amtliches, fröhlich-feuchtes Bier-Prüfverfahren, welches heute leider nicht mehr praktiziert wird.

Wir dürfen es mit einer Weinverkostung vergleichen, nur dass der Rebensaft-Beschaffenheitstest mit Mund und Speiseröhre vorgenommen wird, der Lederhosentest dagegen mit Hose und Hintern.

Diese Bierprüfung aus dem 15. Jahrhundert ging weiland so vonstatten: Ein Brauer stach ein Fass mit Neugebrautem an, doch bevor es verkauft werden durfte, musste seine Qualität geprüft werden. Dazu nahm der Brauer eine trockene Eichenbank, übergoss dieselbe mit reichlich Bier und setzte zwei bis drei lederbehoste Jünglinge auf die Bank ins Bier.

Dort blieben die Herren bis zu zwei Stunden sitzen, während ihre Hintern immer feuchter wurden – und klebriger. Am Ende mussten die Biersitzer zeitgleich aufstehen. Blieb die Bank an den Lederhosenhintern backen, war das Bier okay und durfte fürderhin ausgeschenkt werden.

Der Brauer hatte dann nämlich nicht gepanscht und genügend Malz beigemischt, denn nur, wenn sich reichlich Malz im Bier befindet, entsteht ausreichend klebefreundlicher Malzzucker, um damit eine handelsübliche Lederhose samt inwendig verborgenem Hintern festbacken zu lassen.

Der Hosentest wird seit dem 17. Jahrhundert ärgerlicherweise nicht mehr vorgenommen.

Macht Milch müde oder munter?

Der Spruch von der Männermuntermachermilch ist hinlänglich bekannt. Aber ist das weißflüssige Euter- oder Brustprodukt tatsächlich so ein Zaubersaft?

Nun, zumindest für Babys gilt: Es kommt darauf an, wann die Milch abgezapft wird. Spanische Forscher haben herausgefunden: Die Morgen-Milch ist völlig anders zusammengesetzt als der Abendtrank.

Muttermilch enthält jede Menge Vitamine, Hormone und Mineralien, Immunfaktoren, Spurenelemente und Bio-Substanzen, die das Säuglings-Wachstum unterstützen. Da ein Mensch am Tage wachen und nächtens schlafen soll, so mal vom Grundkonzept aus betrachtet, ändert auch die Milch ihr Nährstoff-Mischungsverhältnis.

Das morgens abgezapfte Flüssignahrungsmittel enthält viele anregende Wachmacher-Substanzen. Dagegen sind der Abendmilch mehr Schlaf fördernde Elemente beigemischt.

Fazit der Forscher: Morgenmilch sollte nicht am Abend verfüttert werden – und umgekehrt, denn Abendmilch macht müde, und nur die Morgenmilch macht wirklich munter.

Warum wird im Flugzeug so viel Tomatensaft getrunken?

Es war lange Zeit ein unverstandenes Mysterium. Das Pressprodukt aus roten, runden Nachtschattengewächs-Früchten mit dem muffig-erdigen Geschmack erfreut sich über den Wolken seit Jahrzehnten nahezu grenzenloser Beliebtheit. Die Lufthansa etwa verkauft pro Jahr über anderthalb Millionen Liter Tomatensaft – viel mehr als Bier.

Aber warum?

Forscher des Fraunhofer Instituts Holzkirchen haben das Safträtsel gelöst. In mehreren tausend Metern Höhe schmeckt Tomatensaft ja wirklich viel besser als auf der Erde, oder genauer: als auf Höhe des Meeresspiegels.

Das Geheimnis: Je höher wir steigen, desto dünner wird die Luft, und je dünner die Luft, desto schlechter arbeiten unsere Geruchs- und Geschmacksnerven. Allen voran machen die Sensoren für Zucker, Salz und Kräuter schlapp. Das bedeutet: Mild gewürzte Speisen wie Fisch und Geflügel schmecken da oben nach nichts mehr, fade Ödnis findet sich zwischen den Zähnen, finden die vom Niederdruck genervten Geschmacksnerven.

Dagegen entfaltet der dicke Tomatensaft erst in dünner Luft seine lieblichen Seiten: fruchtigen Geruch und süßen, kühlenden Geschmackseindruck.

Deshalb ist der Tomatensaftgenuss über den Wolken einfach grenzenlos.

Macht Weintrinken schlau?

Die gute Nachricht für alle Weinschnabulanten: Ja, Rebensaftsaufen macht klug, genauer: es fördert die Leistungsfähigkeit des Gehirns.

Das haben Forscher in Norwegen herausgefunden. Sieben Jahre lang testeten sie regelmäßig die Merk- und Erinnerungsleistung von 5.000 Versuchsteilnehmern.

Ergebnis: Ausgesprochene Saufnasen schnitten erwartungsgemäß schlecht ab. Im Dauerdusel-Dunast-Dunst kämpften die noch nicht koppheister gegangenen Gehirnzellen ums schiere Überleben, da blieb keine Zeit, um blöde Merkaufgaben zu lösen.

Aber folgendes war überraschend: Alkohol-Total-Verweigerer schnitten durchweg schlechter ab als die Probanden, die regelmäßig geringe bis mäßige Mengen Wein genossen.

Schuld am Schlautrinkwunder des wertvollen Weines sind vermutlich *Flavonoide,* Pflanzenfarbstoffe, die schon länger im Verdacht stehen, vor Krebs und Schlaganfällen zu schützen. Neu ist, dass sie offenbar auch das Langzeitgedächtnis positiv beeinflussen.

Fazit: Wein, in moderaten Mengen gesüffelt, macht das Gehirn wirklich leistungsfähiger.

Allerdings verstehen die Forscher unter moderater Menge ein bis zwei Gläser – pro Woche. Trotzdem Prost!

Seit wann gibt es Bier?

Seit etwa 10.000 Jahren bauen Menschen Getreide an. Emmer, Einkorn und Gerste waren die ersten Sorten, um daraus Brot zu backen.
Und seit es Brot gibt, gibt es auch Bier.
Die Alten Ägypter zum Beispiel haben Brot mit Wasser vergoren und daraus Brotbier fabriziert. Und die älteste Bierausschankverordnung der Welt findet sich auf der ältesten Gesetzestext-Sammlung der Welt, dem *Codex Hammurabi,* in Stein gemeißelt im Namen des Königs von Babylon, aus der Zeit um 1.800 vor Christus.
Die Babylonier kannten in Fragen dieses wichtigen Grundnahrungsmittels übrigens keinen Spaß. Auszug aus dem Codex:
Paragraph 108: *Gesetzt, eine Bierschenkin, eine Wirtin, hat sich ihr Bier nicht in Getreide sondern in Silbergeld bezahlen lassen oder hat minderwertiges Bier verkauft, so wird man sie ins Wasser werfen. Auf Deutsch: Sie wird ertränkt.*
Paragraph 109: *Gesetzt, im Hause einer Bierschenkin haben sich Verbrecher zusammengetan und sie hat sie nicht festgenommen, so wird sie getötet.*
Pararaph 110: *Gesetzt, eine Hierodule (eine Priesterin) eröffnet ein Bierhaus oder ist in ein Bierhaus gegangen, um Bier zu trinken, so wird man sie verbrennen.*
Drastische Maßnahmen, zugegeben, aber beim Saufen hört der Spaß ja schließlich auf.

Warum stoßen wir mit Biergläsern an?

Das Zuprosten ist eine schöne, gesellige Sitte unter Gerstensaft- und Traubenmost-Trinkern. Die Gläser müssen scheppern und, mit Schwung zueinander geführt, die fröhliche Freude am Gelage weithin verkünden.

Doch wer hat die seltsame Sitte erfunden und wozu? Schließlich geht manch Trinkgefäß bei allzu engagiertem Gläserstoß sogar zu Bruch.

Nun, in Wahrheit ist die Anstoßerei ein Zeichen von Misstrauen, Angst und dieser übellaunigen Grundeinstellung: *Jeder außer mir ist ein Verbrecher!*

Vermutlich ist das Zuprosten im Mittelalter bei Hofe unter Rittersleuten entstanden.

In jenen turbulenten Zeiten war es durchaus Brauch, den Gegner nicht nur per Lanze, Schwert und Morgenstern ins Jenseits zu befördern, sondern auch durch ein schmackhaftes Giftmischer-Getränk.

Um nun nicht jedes Mal einen todesmutigen Knappen oder Koch als Vorkoster Russisches Roulette spielen zu lassen, wurde eben mit Tonkrügen und Zinnbechern kräftig angestoßen, so kräftig, dass auf jeden Fall ein gut Teil Wein oder Bier von einem Becher in den andern überschwappte, so dass der misstrauische Anstoßer sicher sein konnte: Wenn ihn sein Gegenüber tatsächlich vergiften wollte, müsste der nach diesem kräftigen Schwapp definitiv selbst mit ins Gras beißen.

Warum muss Bier eine Sonnenbrille tragen?

Die Brillenfrage stellen kopfschüttelnd Bierbesitzer, die ihr Lieblingsgesöff nie ans Tageslicht lassen, sondern brav im Kühlschrank oder Keller lagern, bis sich die Gelegenheit zum Bierflaschenköpfen ergibt.
Das Kühlschrankkellerbier könnte tatsächlich auf die Sonnenbrille verzichten, doch muss der Brauer auch an jene denken, die ihr Bier in gleißendem Lichte lagern – und das *braucht* die Sonnenbrille. Es braucht sie nicht als Statussymbol, weil es denkt, es sähe mit Brille besser aus, sondern weil *ihm* beziehungsweise es sonst schlecht wird.
Wie unsere eigene, so ist auch des Bieres Sonnenbrille braun, nennt sich im Volksmund aber Flasche statt Brille.
Die meisten Bierflaschen sind braun, weil sie das bierverderbende Sonnenlicht am besten draußen *vor* der Flasche halten.
Früher gab es auch viele grüne Flaschen, doch Tests haben erwiesen: Bier in Grünglas altert schneller als in Braunglas, wird also schneller schlecht.
Einige Brauereien halten zwar bis heute aus Marketing-Gründen an den grünen Flaschen fest, doch ist auch ihr grünes Glas vergleichsweise dunkel und lässt wenig Schadenslicht durch.
In Klarglasflaschen gibt es in der Regel nur Biermix-Getränke, die heutzutage aber auch geschützt sind, denn in das Klarglas sind vor Licht schützende Metalloxide hineingemixt. So bleibt die Flasche weiter die Sonnenbrille fürs Bier.

6.
Von
Bordschweinen
und
Panikwinkeln

Was ist ein Bordschwein?

Das ist ein Tier, das innerhalb weniger Jahrhunderte den großen Evolutionsschritt vom Vier- zum Zweibeiner erfolgreich vollzogen hat. Einziges Manko dieser speziellen Schweineart: Sowohl das historische als auch das neuzeitliche Bordschwein stinkt unsäglich.
Vor der Erfindung des Kühlschranks wurde das Schwein an Bord vieler Schiffe in liebevoll zusammengezimmerten Buchten gehalten, solange, bis das Schwein fett oder die Mannschaft hungrig genug war, um besagtes Borstenvieh fachgerecht aus dem Leben hinaus und hinüber auf den Teller zu befördern.
Das Bordschwein kam in dieser ursprünglichen Vierbeinversion durch ausgefeilte Lebensmittelkonservierungstechnik nach und nach aus der Mode.
Doch anstatt auszusterben, entwickelte es sich weiter. Es erhob sich auf die Hinterbeine und lernte sprechen. Allerdings beherrscht es nur eine sehr spezielle Variante des Sprechens, das sogenannte Petzen oder Verpfeifen. Als Bordschwein wird jenes Besatzungsmitglied bezeichnet, das angebliche oder tatsächliche Vergehen seiner Kameraden beim Kapitän verrät, um für die Kameraden Bestrafungen und für sich selbst Belohnungen zu erreichen. Bordschweine gelten heutzutage als extrem unbeliebt.

Wo liegt das Butterland?

Vor reichlich hundertfünfzig Jahren hätten verständige Butterkenner erwidert, das Butterland läge in Holland oder Holstein, Irland oder Dänemark, auch Belgien käme in Frage. Möglich sei auch, dass jedes dieser Länder Anteil am Butterland besitze, denn damals kam aus Holland, Holstein, Irland, Dänemark und Belgien Europas beste Butter.

Doch kann das wahre Butterland beinahe nur auf See gesehen und vom Meere aus betrachtet werden. Es müsste so ungefähr zwischen El Dorado, Atlantis und Vineta liegen.

Das Butterland entsteht aus Dunst- und Nebelbänken auf See. Wenn der Matrose versucht, diesige Schwaden und trübe Wrasen mit seinem Blick zu durchdringen, dann sieht er die Nebel sich formen und färben, sieht Berge wachsen und Täler entstehn.

Treibland ist es, was er sieht, oder Butterland, eine optische Täuschung, treibend im Nebel wallende Inseln, die unterschiedlich dichte, dunkle, dicke Schleier ihm gaukelnd vor Augen führen.

Es ist keine Luftspiegelung, also keine Fata Morgana, sondern allein aus Dunst und Dampf entstandener Sinnestrug.

Butterland heißt es, weil, sobald die Schwaden im Sonnenschein verwehen, das Land wie Butter zu schmelzen und zerfließen beginnt.

Wann wird aus einem Boot ein Schiff?

Normalerweise nie.

Boote werden meist von Freizeitskippern übers Meer gesegelt, was oft eine teuflisch unbequeme, feuchte und primitive Art des Reisens darstellt und finanziell potentiell ruinös ist. So wird das Besitzen eines Bootes oft mit folgendem Vorgang verglichen: Man stelle sich tagelang voll bekleidet unter eine kalte Dusche und zerreiße Hundert-Euro-Scheine, das komme unter Bequemlichkeits- und Finanzaspekten dem Bootbesitzen recht nahe.

Schiffe dagegen gleiten majestätisch durch den Ozean, sind ernstzunehmende Arbeits- und Transportgeräte und werden vor allem durch Profis gelenkt, die auf die Bootslaien in vielerlei Hinsicht, geographisch und moralisch, herabgucken und letztere gern als Treibholzakrobaten bezeichnen.

Welten trennen Boot und Schiff. Dennoch kann ein Boot zum Schiff und ein Schiff zum Boot mutieren.

Da kommt es gar nicht auf die Größe an, sondern auf die Qualität der Mannschaft. Das hat etwas mit marinemilitärischen Rängen zu tun. Besitzt ein Wasserfahrzeug Kommandant und Ersten Offizier, dann ist es ein Schiff. Beherbergt es nur den Kommandanten mit Erstem Wachoffizier, dann ist es ein Boot.

Ein Schlauch*boot* mit Erstem Offizier wäre so betrachtet also genaugenommen ein Schlauch*schiff*.

Fahren oder laufen Schiffe?

Um Landratten zu verwirren, machen Schiffe einfach beides, sie *fahren* und *laufen*, gerne beides zur selben Zeit.
Je nachdem, welcher Schiffsaspekt benannt werden soll, haben wir ein *Fahr-* oder *Laufschiff* vor uns.
So *fahren* Schiffe unter eigener oder fremder Flagge, aber egal, unter welcher Flagge sie *fahren*, sie *laufen* immer in den Hafen ein und aus dem Hafen aus, während nach dem Ein*laufen* die Passagiere ausge*schifft* und vor dem Aus*laufen* die Passagiere einge*schifft* werden. Wenn die Passagiere Seeleute sind, dann *laufen* sie höchstens mal kopflos im Hafen herum, weil sie ihr Schiff nicht finden, aber von Berufswegen *fahren* sie natürlich zur See, was aus ihnen nach vielen Jahren erfahrene, das heißt echte *Fahrens*männer macht.
Das Schiff selbst *fährt* einiges mit sich spazieren. Es *fährt* seine Maschine, seine Segel, seine komplette Ausrüstung, aber wenn es erst einmal *Fahrt* aufgenommen hat, dann hinwiederum *läuft* es durchs Meer mit allerdings einer bestimmten *Fahrt* von irgendwelchen Knoten.
Und während das Schiff so vor sich hin*läuft* und dabei Fahrt macht, befindet sich, wenn es weit genug weg läuft, seine Mannschaft auf großer *Fahrt*.
Eigentlich ganz einfach ...

Seit wann fahren wir zur See?

Seit die Ahnen der Ahnen unserer Ahnen Kiemen und Flossen verloren und ihr Leben auf Lungenatmung und landtaugliche Gliedmaßen umstellten, sind wir bei der Meeresbereisung auf körperfremde Transportmittel angewiesen.

Forscher sagen, schon vor 50.000 Jahren sei es dem Homo sapiens gelungen, hochseetaugliche Schiffe oder wenigstens wind- und wellenresistente Boote zu bauen, um von Asien aus den Ozean nach Australien überqueren und diese etwas abgelegene Weltgegend besiedeln zu können. Allein, es fehlt der Nachweis solch alter Boote.

Vor einigen Jahrzehnten zeigte dann der Norweger Thor Heyerdahl, dass es technisch möglich und praktisch nicht unmöglich sei, dass die Alten Ägypter mit pfiffig zusammengeknoteten Papyrusbooten den Atlantik durchschippern und Amerika erreichen konnten.

Rund 7.500 Jahre alt ist eine Felsenzeichnung aus der Nubischen Wüste, die das älteste bekannte Bild eines Segelbootes zeigt. Und seit rund 5.000 Jahren sind auch größere Schiffe für den Fernhandel bekannt.

Mit den uns vertrauten schmucken Windjammern und ähnlich stolzen Segelschiffen haben jene Wassergefährte zwar noch nicht so furchtbar viel gemein, aber immerhin hielten auch sie sich tapfer über Wasser, was ja irgendwie erst einmal das Wichtigste war.

Warum hängen Matrosen in Hängematten?

Klare Antwort: Damit ihnen nicht so schnell schlecht wird, wenn ihr Schaukelschiff ins Schlingern kommt. Natürlich zählt das Seekrank werden zu den eher dramatischen Krankheiten im Schiffsgewerbe, trotzdem kann's auch einem Maaten mal den Magen umdrehen, wenn das Schiffsdeck tosendem Wasser zu nah kommt, und zwar senk- statt waagerecht. In solchen Momenten gleicht die Hängematte besser als jedes Bett das Stampfen und Schlingern des Schiffes aus.

Als Hängemattenentdecker gilt Kolumbus. Als er 1492 Haiti erreicht, sieht er die Eingeborenen auf derartigen Hängenetzen abhängen. Die Netze hießen *hamáka*, daraus wurde später in Frankreich *hamac* und in England *hammock*. Nur die Deutschen konnten mit dem fremdländischen Namen nichts anfangen und verballhornten ihn zur Hängematte, was ja auch irgendwie ganz gut gewählt klingt.

Bis zur Einführung der Schlaf- und Schlummernetze betrieben Schiffsbesatzungen übrigens in Schlafsäcken aus Seehundfell, auf puren Planken ruhend, ihre Augenpflege. Die Koje als feststehendes Bett ist eine spätere Erfindung. Doch die Hängematte behält gegenüber jedem Bett viele Vorteile: Sie kann platzsparend verstaut und vor allem automatisch belüftet werden – mieser Müffelmief aus Hängematten ist jedenfalls so gut wie unbekannt.

Was ist eine Geduldsflasche?

Das ist ein Glasbehältnis, mit dem der Geduldige viel Freude hat.

Der hibbelig-kribbelige Unruhegeist dagegen wird seinen Geist nie mit dem der Flasche vereinigen können. Vielmehr wird er das gläserne Bläsererzeugnis baldigst entnervt mithilfe von Schwerkraft und Werfkraft weit von sich schleudern.

Die Geduldsflasche ist vor 300 Jahren im Allgäu und Erzgebirge entstanden. Damals wurde die durchsichtige Getränkeglasflasche erschwinglich und begann sich gegen ihre Tonflaschenverwandte durchzusetzen. Die entleerte Flasche wurde dann zur Geduldsflasche umfunktioniert. Statt in trüber Jahreszeit zur Familienvermehrung beizutragen, füllten handwerklich begabte Menschen nun Flaschen mit allerlei kunstvoll arrangiertem Krimskrams. So entstanden in Flaschen gestopfte Heiligenszenen und Bergbaumotive, und weil die Kunsthineinstopfung viel Geduld erforderte, wurden die also befüllten Behältnisse Geduldsflaschen genannt.

Eines Tages vor knapp 300 Jahren muss dann ein Erzgebirgler oder Allgäuer den Weg zur See gefunden, dortigen Schiffsmodellbaus ansichtig geworden sein und die Modellbauidee mit der Geduldsflaschenerfindung verschmolzen haben, jedenfalls entstanden um diese Zeit auch die ersten Buddelschiffe.

Warum sind Schiffe fast immer weiblich?

Egal, welchen Namen es trägt, das Schiff bleibt eine *Schiffin*: die Gorch Fock, die Bismarck und die King George, zum Beispiel.

Die Schiffs-Verweiblichung ist in Deutschland ein junges Phänomen. Erst Kaiser Wilhelm II. soll die Tradition Ende des 19. Jahrhunderts aus dem englischen übernommen haben. Bis dahin gab es durchaus männliche deutsche Schiffe, wie Anno 1462 der Peter von Danzig.

Allerdings bildet Deutschland damit eine Ausnahme, denn weltweit sind Schiffe seit jeher eher weiblich. Den Römern, Griechen und Ägyptern etwa galten Schiffe als weibliche Wesen, die auch die Namen weiblicher Götter trugen.

Hinter der Schiffsweiberei steckt nach alter Seemannsgarnweisheit die Wesensgleichheit von Schiff und Frau: So ein Schiff ist teuer im Unterhalt, braucht immer neue Segel-Klamotten und viel Farbe im Schiffsgesicht, wenn es schmuck und schön aussehen will. Welcher Mann wollte die Parallele zur Frau übersehen?

In Wahrheit steckt wohl ein tiefenpsychologisch erklärbarer Sprachgebrauch dahinter. Danach rufen Schiffe als behütende Gefäße in rauher See Assoziationen mit etwas weiblichem, dem beschützenden Mutterbauch hervor.

Und natürlich gibt es noch eine ganz einfach Erklärung: Wäre ein Schiff nämlich männlich, könnte es ja schließlich keine Jungfernfahrt unternehmen, nicht wahr?

Wann ist Seemannssonntag?

Alle Wochen wieder kommt besonderer Feiertag auf die Schiffe nieder. Kehrt mit Kuchengaben ein jeden Kahn.
Der Seemann beißt beglückt in das Gebäck und weiß: Heut ist Thorstag, der Sonntag der Seebären.
Warum der Donnerstag als Seemannssonntag gehalten wird, ist nicht ganz klar. Aber unübersehbare Spuren führen hinein in die Hallen germanischer Götter. Dort treffen wir Thor. Er war den seefahrenden Völkern des Nordens hoher Ehre wert. Kontinentaleuropäische Germanen nannten ihn Donar, den Donnerer. Nach ihm ist der Donnerstag, Thorstag, benannt.
Der Theologe Adam von Bremen schrieb über ihn vor tausend Jahren: *Thor hat den Vorsitz in der Luft, er lenkt Donner und Blitz, gibt Wind und Regen, heiteres Wetter und Fruchtbarkeit.*
Um diese Zeit der christlichen Nordmission kämpfte die Kirche wenig erfolgreich gegen heidnische Festtage. Also setzte sie eigene Gottesdienste und Feiern auf die alten Heidenfesttage. So erklärt sich vermutlich, dass Donars Tag für die von Donner, Sturm und Blitz besonders betroffenen Seeleute immer ein besonderer Tag geblieben ist, auch unter dem neuen christlichen Glauben.
Zudem soll zu Segelzeiten kaum ein Schiff am Freitag ausgelaufen sein, so dass es tags zuvor wenig zu tun gab und sich der Donnerstag deshalb hervorragend als Seemannssonntag eignete.

Wem verdanken wir den Panikwinkel?

Er ist manchmal das Ergebnis heftiger Winde und oft die Schuld saublöder Menschen.
Der Panikwinkel stammt aus der Seemannssprache, entsteht meist auf kleineren Fahrgastschiffen und hat etwas mit der Krängung, also der schräglagigen, schlagseitigen Schiefigkeit zu tun, mit der das Schiff im Wasser liegt.
Verursacht wird der Panikwinkel meist von den Fahrgästen selbst. Wenn besagte Gäste in duseliger Dusseligkeit alle auf einmal von einer Schiffsseite zur andern laufen, um irgendetwas hoch interessantes auf der jetzt menschenvollen Seite zu beobachten, dann natürlich neigt sich das Schiff mit der menschenleeren Seite dem unendlichen Himmel entgegen und mit der volksreichen Schlagseite dem wütend-wirbeligen Wasser zu.
Und dann passiert es: Ab etwa zwölf Grad Neigungswinkel beginnen die Gäste extrem unruhig zu werden und Panik zu schieben. Zwölf Grad Schlagseite, dieser Wert des Abweichens von der beruhigenden Waagerechten der Schiffsplanken bezeichnet den Panikwinkel.

7. Von Grinseuhren und Rübenkaisern

Wie spät ist es auf Werbeplakaten?

Wir entdecken einen sexy Chronometerträger mit teurem Zeitanzeiger am gut gebräunten Unterarm, und sehen: Es ist zehn Uhr zehn. Wir durchstreifen mit unserem Blick fürs Wesentliche einen Spielzeugladen und stellen fest: Die angebotene trickfilmbunte Kinderuhr steht auf zehn vor zwei. Wir blättern in Zeitschriften, Werbeprospekten und Katalogen und fühlen uns in diesen zwei Standardzeiten gefangen.

Nur auf Katastrophen- und Weltuntergangsplakaten ist es fünf vor zwölf, aber auf normalen Reklametafeln zeigen Uhren fast immer dieselben beiden Zeiten an. In der Werbewelt ist es zehn nach zehn oder zehn vor zwei.

Grund: Diese zwei Zeiten produzieren einen optischen Smiley. Die Uhr sieht aus wie ein fröhlich-freundlich lachendes Grinsegesicht. Und weil die Werbebotschaft positives Kaufgefühl und kein betrübliches Alles-ist-Mist-Feeling hervorrufen soll, werden wir in der Reklame ziemlich vergeblich nach wesentlich anderen Zeiten Ausschau halten.

Das am schlimmsten maulende Uhrengesicht steht übrigens auf zwanzig vor vier. Kein Werbestratege, der einigermaßen bei Trost ist, würde eine derart doofdösig-depressive zwanzig-vor-vier-Uhr drucken.

Welches ist das schwerste Geld der Welt?

Unsereins bezahlt selbst teure Waren mit Fliegengewichten. Der Schweiß des Angesichtes fließt nur beim Erarbeiten der leichten Geldscheine.

Bei den Mikronesiern auf der Insel Yap im Westpazifik fließt der Angesichtsschweiß beim Bezahlen selbst, denn ihre Währung rai kann Tonnen wiegen und steht an Häuserwände gelehnt herum. Es sind Steinscheiben aus Aragonit, die kleinsten groß wie Brötchen, die größten haben Mühlsteinformat. Das schwerste Exemplar wiegt 15 Tonnen.

Die Yap-Bewohner fanden das bei ihnen unbekannte Aragonit einst auf der 400 Kilometer entfernten Nachbar-Insel Palau. Sie schlugen es zu Scheiben und schipperten es nach Yap. Der Wert einer Scheibe bemisst sich nach der Größe und nach folgenden Fragen: Wie schwierig war es, die Scheibe zu schlagen? Kam beim Transport jemand ums Leben und wie schön ist die Scheibe gemustert?

Seit 1931 werden keine neuen Steine mehr geschlagen. Zahlungsmittel für alltägliche Dinge ist heute der US-Dollar. Aber wenn jemand etwa ein Haus kaufen will, bezahlt er immer noch mit Yap-Steinen.

Die Steine werden allerdings nicht zum neuen Besitzer gerollt, sondern bleiben dort stehen, wo sie stehen. Es weiß schließlich jeder, wem sie gehören.

Geklaut wird das Geld auch nicht, denn wer kann schon einen 15-Tonnen-Stein unerkannt durchs Dorf rollen?!

Macht Geld glücklich?

Wissenschaftlich belegt ist zumindest, dass Geldzählen gegen Stress und Ärger, schlechte Laune und Depressionen ein durchaus erfolgreiches Mittel ist.
Amerikanische Forscher haben das getestet. Sie gaben einer Gruppe von Versuchspersonen 80 wertlose Bögen Papier und baten, die Blätter zu zählen. Eine andere Gruppe erhielt genauso viele Hundert-Dollar-Scheine, die sie ebenfalls durchzählen sollte. Anschließend mussten alle Testpersonen ihre Hände 30 Sekunden lang in heißes Wasser halten. Ergebnis: Die Papierbögen-Zähler empfanden erhebliche Schmerzen. Die Dollar-Noten-Abteilung dagegen stöhnte kaum, empfand das Wasser auch als weniger heiß und die Fingerschmerzen als nicht so unangenehm wie ihre Kollegen.
Fazit der Forscher: Allein der Gedanke an Geld hat einen positiven Effekt auf das Gemüt eines Menschen. Persönliches Geldzählen verstärkt den Effekt.
Es lohnt sich also, immer einen kleinen Scheinevorrat im Hause zu haben. Vor der nächsten Stressattacke ruhig mal wie Onkel Dagobert die Hände in einen Geldscheinberg zu tauchen, wirkt Wunder.
Ob das Glücksgefühl beim Zählen des eigenen Geldes größer ist, als beim durchstöbern fremder Leute Scheine, haben die Forscher leider nicht untersucht.

Wer hat den Boykott erfunden?

Diese durchaus drastische Art, jemandem mitzuteilen, dass man ihn nicht ausstehen kann, hat lange Tradition. Mit dem Boykottierten wird nicht mehr gesprochen oder gehandelt, es wird also moralischer, politischer oder wirtschaftlicher Zwang auf ihn ausgeübt.

Solche Verrufserklärungen tragen viele Namen: Ächtung, Verfemung, Acht und Bann; doch der erste, der modern gesprochen wirklich boykottiert wurde, war Charles Cunningham Boycott höchstselbst.

Der Mann erblickte am 12. März 1832 in Norfolk das Licht der englischen Welt und wurde in Irland zum grausamen und raffgierigen Gutsverwalter. Der Menschenschinder presste die Bauern aus und erhob schwindelerregenden Pachtzins.

Boycott, nach zeitgenössischer Zeichnung ein kleines Kerlchen mit spitzer Nase und säuferroten Wangen sowie halslang aufgeplustertem Rauschebart, der aussah, als habe Boycott damit auch Gassi gehen können, dieser Mann trieb es so arg, dass am Ende niemand mehr für ihn arbeiten und keiner etwas von ihm kaufen wollte.

Die Ernte musste unter Armeeschutz eingefahren werden und Boycott konnte sich nur noch mit Bodyguards durchs Land bewegen. Selbst die Eisenbahn-Gesellschaft soll sich geweigert haben, sein Vieh zu transportieren.

Am Ende musste Boycott, derart boykottiert, um 1880 das Land verlassen.

Wer gilt als weltpfiffigster Finanzjongleur?

Ganz klar: Johann Kasimir Kolbe Reichsgraf zu Wartenberg.

Der Mann, 1643 geboren, war ein astreiner Emporkömmling. Als junger Mann noch Oberstallmeister, intrigierte, schleimte und mobbte er sich bis in höchste preußische Staatsämter hinauf. Zu seinen besten Zeiten war er Oberaufseher der königlichen Schlösser, Generalpostmeister, Marschall des Königreiches und Premierminister in Personalunion.

Kolbe lebte auf nicht sonderlich kleinem Fuße, und er hatte alle Hände voll zu tun, sein eigenes königliches Gehalt zusammenzubekommen, denn das verschlang beachtliche 20 Prozent der kompletten preußischen Staatsausgaben. So ein Salär wollte solide gegenfinanziert werden, und so ersann Kolbe hilfreiche Steuern, die es dem Volke ermöglichten, sich seinen Premierminister leisten zu können: unter anderem die Jungfernsteuer für ledige Frauen, dazu die Hut-, Perücken- und Strumpfsteuer, die Kaffee- und die Kutschensteuer.

Erst des Königs Nachfolger, Kronprinz Friedrich Wilhelm, der spätere Soldatenkönig, bereitete dem premierministeriellen Schwindelsteuertreiben ein Ende. Kolbe verlor seine Ämter und setzte sich 1711 ins Ausland ab, nach Frankfurt am Main.

Von diesem eher unrühmlichen Ende abgesehen gilt Kolbe mutmaßlich augenscheinlich als *die* Ikone auch manch phantasiebegabten modernen Finanzministers.

Wie viel Gold gibt es auf der Welt?

Das edle Metall wird seit mindestens 7.000 Jahren aus Flüssen geschürft und aus Bergen gefördert.
Der begüterte Mensch schmückt vorzugsweise sich selbst mit Gold. Rund 70 Prozent des weltweiten Bestandes werden heute von Goldschmieden und Juwelieren zu Schmuckstücken verarbeitet. Der Rest landet als Drähte in Computern, als Barren in Tresoren und als Brücken an Zähnen.
Auf dem ganzen Erdenrund sind bis heute etwa 165.000 Tonnen Gold gefördert worden. Das kann man so genau sagen, weil Gold nicht verloren geht und weggeschmissen, sondern immer wieder recycelt wird.
Presste man alles bekannte Gold der Welt in einen einzigen Block, ergäbe das einen Würfel mit recht übersichtlichen Kantenlängen von gerade mal zwanzig Metern. Wert: 7.500 Milliarden US Dollar.
Die größten Goldschätze besitzen übrigens die Zentralbanken der USA und Deutschlands. Wo allerdings unsere Bundesbankbarren lagern, wissen nur die Goldhüter selbst.
Und was macht der, der sich kein Gold leisten kann? Der begnügt sich mit Sprüchen wie diesem aus dem Buch der Sprüche in der Bibel, da steht: *Weisheit erwerben ist besser als Gold.* Naja, wenn es denn tröstet.

Welches Geheimnis steckt hinter Eisschreiben?

Es könnte sich um einen innovativen Bildungssport der Eskimo handeln. Spielregel: Wer es schafft, seinen Namen fehlerfrei mit einer Motorsäge in einen iglugroßen Eisblock zu sägen, hat die Eisschreibmeisterschaft gewonnen.
Es könnten auch eiskalt-unfreundliche Briefe ehemaliger Liebhaber sein.
Doch in Wahrheit sind Eisschreiben extrem freundliche Absagebriefe von Firmen auf gute, gelungene Bewerbungen.
Stellen wir uns vor, ein Unternehmen schreibt eine Stelle aus und zehn Bewerber melden sich. Nur einer bekommt natürlich den Job. Aber unter den zehn finden sich zwei weitere, die der Firma als Mitarbeiter gut gefallen könnten. Also verschickt die Firma Eisschreiben. In diesen Briefen fehlen Sätze wie *Sie erhalten Ihre Unterlagen zu unserer Entlastung zurück* und so weiter bla bla. Sondern da steht: *Ihre Bewerbung hat uns sehr gut gefallen, leider ist die Stelle schon besetzt, aber wir würden uns freuen, wenn Sie mit uns in Kontakt blieben.*
Eisschreiben sind Briefe, mit denen pfiffige Firmen signalisieren: Die nächste freie Stelle könnte Ihre sein. So werden potentielle Mitarbeiter bei Laune gehalten, auf Eis gelegt. Vorausschauende Firmen füllen so ganze Tiefkühlschränke mit geeigneten Bewerbern.
Eisschreiben: die positive Art, Absagen zu erteilen.

Seit wann gibt es Münzen?

Das kommt darauf an, was wir unter Münze verstehen. Legen wir des Wortes Ursprung zugrunde, das lateinische *moneta,* und füllen es mit seiner heutigen Bedeutung: Geld ganz allgemein, also *Moneten,* dann gibt es Münzen seit mindestens 4.000 Jahren.

Die ältesten bekannten Moneten waren bronzene Haustierminiaturen und stammen aus dem Mittelmeerraum. Auch die Münzen im engeren Sinne wurden am Mittelmeer erfunden.

In Lydien, Vorderasien, tauchen die ersten Münzen um 650 vor Christus auf, gefertigt aus einer Gold-Silber-Legierung. Schmucklos, bildlos und unförmig sind noch die ersten, doch das ändert sich bald. Um 600 vor Christus werden runde Münzen herausgegeben, die mit Löwe und Stier bedruckt sind, dem Siegel des lydischen Königs Kroisos, zu deutsch: Krösus. Vermutlich hatte dessen Vater schon die wirklich allerersten Münzen in Umlauf gebracht, doch erst zu Krösus' Zeit verbreiten sie sich über Lydien hinaus in ganz Europa, und da auf jedem Goldgeldstück des Königs Siegel prangt, vermutet man dahinter unfassbaren Reichtum.

So geht Krösus als sagenhaft wohlhabender König in die Geschichte ein. Bis heute nennen wir den Superreichen einen Krösus und fragen gern empört, wenn wir selbst nicht zahlen wollen: *Bin ich Krösus?*

Was ist Muschelgeld?

Von Geldkundlern wird das vormünzliche Zahlungsmittel dem Primitivgeld zugerechnet. Dabei hat Muschelgeld den Vorteil, dass kein Stück wie das andere aussieht.
In Asien und Afrika war Muschelgeld teils bis ins 20. Jahrhundert verbreitet. Noch heute wird es auf einigen Südseeinseln für rituelle Zahlungen verwendet.
Das Geld besteht aus Muschelschalen oder beeindruckend bunten Schneckenhäusern. Kreuzworträtslern ist *Kaurigeld* bekannt, das aus Gehäusen der Kaurischnecke besteht. Dabei bemisst sich der Geldwert selten nach der Muschel- oder Schnecken-Zahl. Meist werden die Muscheln auf Band gezogen, und dann wird das Geld in Längeneinheiten abgerechnet.
Forscher berichten, dass zum Beispiel Bräute bei einigen Ureinwohnern Papua Neuguineas ziemlich teuer waren. Eine einzige Braut konnte demnach bis zu 250 Meter aufgebänzelte Schneckenhäuser kosten.
Auf den Duke-of-York-Inseln soll es sogar eine eigene Muschel-Bank geben. Das ist eine streng bewachte Hütte, in der wohlhabende Muschelgeldbesitzer gegen entsprechende Gebühr Schneckenschnüre und Muschelbänder, allerdings zinslos, einlagern können.
Vorteil des Geldes gegenüber unseren Zahlungsmitteln: Wenn es gerade keine Bräute einzukaufen gibt, kann dieses Geld auch gut als Schmuck getragen werden.

Was hat Napoleon mit Zuckerrüben zu tun?

Der kleine Franzose mit dem großen Ego und dem karnevalistischen Spitzhut war Zuckerrübenfan und verhalf der Feldfrucht in Europa zum Durchbruch.
Jahrhundertelang aßen wir vor allem südamerikanischen Rohrzucker. Hauptimporteur war England.
Als Napoleon Gernegroß 1806 seinem Lieblingsfeind, dem Empire, eins auswischen wollte, verhängte er die Kontinentalsperre. Fürderhin durfte kein englisches Schiff festlandeuropäische Häfen ansteuern. Das war eine kulinarische Katastrophe, denn dadurch wurde auch der Zuckernachschub unterbrochen.
Was tun? Der deutsche Chemiker Andreas Marggraf hatte schon 1747 festgestellt, dass die Runkelrübe Zucker enthält. Sein Schüler Franz Achard kochte später aus Rübensaft Rübensirup und baute im schlesischen Kunern 1802 die erste Rübenzuckerfabrik der Welt.
Als Napoleon dann selbstverschuldet zuckerlos auf dem Kontinent saß, brachten ihm Wissenschaftler Zuckerhüte aus schlesischem Rübenzucker vorbei. Der Franzosenkaiser war begeistert und ordnete am 25. März 1811 den europaweiten Rübenanbau an. Schnell wurde aus der Runkel- auch die zuckerhaltigere Zuckerrübe gezüchtet. Heute werden 90 Prozent des europäischen Zuckers aus Rüben gewonnen. Ohne Napoleon äßen wir vermutlich noch immer mehr Rohr- als Rübenzucker.

8. Von Bierbäumen und Selbstmordpalmen

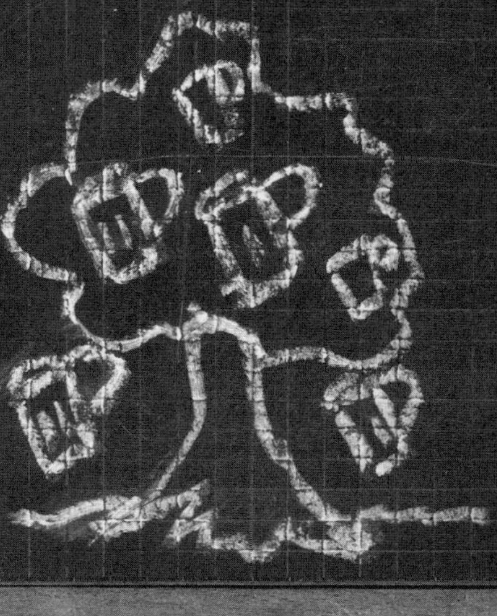

Was ist ein Bierbaum?

Dieses seltsame Gewächs kennen wir außerhalb Bayerns unter dem Namen Rosskastanie.
Ihre Geburt als Bierbaum verdankt die Kastanie fehlenden Kühlschränken und einigen Heiligen.
Der Reihe nach: Anno 1539 ward in der bayerischen Brauordnung verfügt, dass Bier nur zwischen den Festtagen des Heiligen Michael und des Heiligen Georg gebraut werden dürfe, vom 29. September bis zum 23. April, später im Sommer nicht mehr.
Grund: Die enorme Brandgefahr beim Biersieden zur warmen Jahreszeit.
Also wurde das Hopfengetränk nur noch im Herbst und Winter gebraut – jedoch getrunken werden wollte es auch im Sommer.
Was also tun? Da der Kühlschrank noch nicht erfunden worden war, buddelten die Bierbrauer kühlende Keller, und um die Keller zusätzlich vor heißer Sommersonne zu schützen, pflanzten sie Kastanien drauf, denn diese Bäume spendeten mit ihren sehr dichten, ausladenden Kronen und großen Blättern den bestmöglichen Schatten.
Später schenkten die Brauer ihr Bier unter der Kastanie an ihre Gäste aus. So entstanden die Bier*gärten*. Aber die Bier*bäume* sind eben Schattenspender eigentlich nicht für die Biertrinker sondern für das Bier.

Sorgen Pflanzen für die eigene Familie?

Für die erdverbundene Tulpe, Aster und Runkelrübe gilt: Blut respektive Pflanzensaft ist eindeutig dicker als Wasser.

Pflanzen sind familientreue Wesen. Das haben amerikanische Forscher herausgefunden. Demnach spüren die sensiblen Wesen sehr genau, ob neben ihnen Brüderchen und Schwesterchen wachsen, oder ob wildfremde blatt- und blütentragende Mitbewohner ihre Wurzeln in die Nachbarerde schlagen.

Fremde werden häufig nicht zu Freunden. Beginnt ein zugereistes Samenkorn zu keimen und hungrige Wurzeln in leckere nährstoffreiche Erde zu buddeln, gräbt ihm der einheimische Nachbar gern buchstäblich das Wasser ab. Er lässt die eigenen Wurzeln kräftiger als nötig wachsen und schnappt dem Fremdling so viele Nährstoffe wie nur möglich weg.

Keimt neben dem liebreizenden Fiesling dagegen ein Spross aus dem Samen der eigenen Mutter, wird die Schnuckelfamilien-Kuscheltour gefahren: Nährstoffe werden brüderlich geteilt.

Oberirdisch mögen Pflanzen den Fremdling auch nicht so gerne berühren – bei Geschwistern sind sie da nicht so pingelig.

Die Forscher sagen: Pflanzen erkennen ihre Geschwister an der chemischen Zusammensetzung von Wurzelausscheidungen und können dementsprechend auch den Fremdling erkennen.

Die eigene Familie geht Pflanzen tatsächlich über alles.

Warum ist die Banane krumm?

Nach dieser tausendfach gestellten Frage, erwartet eigentlich niemand eine ernsthafte Antwort.

Gleich dem Pawlowschen Hundesabberreflex provoziert die Bananenfrage den Billigwitz aus der Ramschkiste der Kalauergeschichte: *Die Banane ist krumm, weil die Affen im Urwald sich langweilen jede einzelne verbiegen!*

Dabei weiß der also schnackende schnickerigschnodderige Schnösel meist nicht, wie dicht er dem bananigen Krümmungsgrund mit seiner Flachwitzantwort auf den Fersen ist.

Tatsächlich wird jede einzelne Banane liebevoll von jemandem verbogen. Dieser Jemand ist die Sonne und betreibt das Bananenbiegen so:

Die Banane wächst, solange sie klein und grün hinter der Schale ist, gurkengerade vom stabilen Stamm zur Seite weg. Behütet wird die Babybanane durch die riesigen Blätter der Mamapflanze. Erst wenn die Lütten aus dem gröbsten raus sind, welken die Blätter, fallen ab, und der unter dunklem Dach gezeugte und gezüchtete Bananennachwuchs sieht zum ersten Mal die Sonne. Jetzt passiert es: Die nach unten oder zur Seite gewachsene Banane reckt und richtet sich auf und biegt sich der Sonne entgegen.

Der gelb gebogene kulinarische Freudenspender krümmt sich also nicht, um menschlichen Nervensägen die Frage nach der Krummigkeit zu erlauben, nein, nur die Sonne ist schuld.

Was verstehen wir unter Selbstähnlichkeit?

Ganz einfach: pure Langeweile!
Wir sehen ein Großgebilde und wissen: Dieses Gebilde besitzt keine Geheimnisse. Tief im Innern verborgen sieht das kleinste seiner Teile genau wie das Gesamtgebilde aus, nur eben kleiner, klar, sonst würde es nicht in sein ähnliches größeres Selbst hinein passen.
Selbstähnliche Strukturen sind der absolute Gipfel oberöder Formenarmut, die Natur kopiert sich bis zum Erbrechen selbst. Eine einmal gefundene Form wird immer wieder recycled.
Es ist eine Bauweise, die wir von den russischen Matroschka-Puppen kennen. In jeder Puppe steckt eine weitere von gleicher Form und ähnlicher Farbe.
Derart in sich selbst verschachtelte Strukturen gibt es in Mathematik und Natur zuhauf. Eines der bekanntesten und schmackhaftesten Beispiele ist der Blumenkohl, insbesondere der grünköpfige Romanesco, der schon vor Jahrhunderten in Rom gezüchtet wurde. Der Blumenkohl-Grüngroßkopf hat wie sein weißer Verwandter die typische Blumenkohlkopfform. Doch erst das entzweigeschnittene Haupt offenbart die volle Selbstähnlichkeit, denn jedes Blumenkohlröschen ist die exakte Miniaturausgabe des großen Kopfes, ebenso die Röschen der Röschen.
Die Selbstähnlichkeit ist ein erstaunliches Phänomen aus der Langeweileabteilung der Schöpfung.

Was haben Tomaten mit nächtlichen Schatten zu tun?

Wer in mondheller Nacht einer Tomatenpflanze begegnet, erkennt zweifelsfrei den Schatten, den sie wirft. Doch allein aus dieser doch recht verbreiteten Schattenwurffähigkeit den Namen Nachtschattengewächs abzuleiten, wäre ein wenig keck, denn die Nachtschatten der Tomate sind ja nicht schöner, breiter, länger und auffälliger als die jedes anderen Nachtschattenwerfers.
Der Name befremdet also. Tomate, Kartoffel und Paprika, Aubergine und Tabak, sie alle zählen zu den Nachtschattengewächsen. Und alle enthalten *Solanin,* ein giftiges Alkaloid. Je nach Solanin-Konzentration sind Nachtschatten oder Teile der Pflanzen giftig. Das gilt auch für die Kartoffel, denn die grünen Teile, also Blätter und grüne Knollen-Stellen, sind leicht giftig und ungenießbar.
In der Volksmedizin wurden Nachtschatten vielfältig verwendet: der Schwarze Nachtschatten gegen Verdauungsbeschwerden, Paprika gegen Rheuma, Tollkirsche und Bilsenkraut für aparten Drogenrausch und gegen Asthma.
Der Name? Er hat wohl nichts mit Schatten zu tun, sondern kommt von *Schaden,* dem Kopfweh-Schaden, den die besonders nachts besonders stark riechenden Gewächse dem nächtlichen Vorbeiwanderer verursachen und jenem Schaden, den sie als Heilmittel vom Menschen fernhalten können.

Wie alt können Blätter werden?

Was wir zu Hause sehen, ist meist jünger als ein Jahr. Wir sprechen hier von lebenden Blättern, nicht von Uromas getrockneter Blattsammlung in Poesiealbum und Kochbuch.

Normalerweise sprießt das Blattwerk im Frühling frischgrün und verendet im Herbst in herrlich braunrotgelber Sterbefarbe. Ein Lebensalter von einem Jahr wird deutlich unterschritten.

Etwas länger halten es die Blätter immergrüner Pflanzen aus, bevor sie das Zeitliche segnen und zu Humus zerfallen.

Ganz anders sieht das bei einer afrikanischen Wüstenpflanze aus, der *Welwitschie*. Sie wurde 1859 von dem Botaniker Friedrich Welwitsch entdeckt, der ein Exemplar an den Botanischen Garten nach London schickte, was vom Chef des Gartens mit den Worten quittiert wurde: *Dies ist die wunderbarste Pflanze, die je in dieses Land gebracht wurde, und eine der hässlichsten.*

Die Welwitschie kann mannshoch werden und bringt zeit ihres Lebens nur ein einziges Blätterpaar hervor. Die Blätter wachsen permanent in die Länge. Damit sie aber nicht zu lang werden, gammeln sie an den Spitzen nach und nach weg.

Die ältesten Welwitschien-Exemplare werden auf 2.000 Jahre geschätzt, damit begannen ihre noch immer lebendigen Blätter zu wachsen, als unsere Zeitrechnung mit Christi Geburt gerade erst begann.

Das ist einsamer Rekord.

Was ist ein Touristenbaum?

Das ist natürlich ein Nackter Indianer.
Dieses interessante Lebewesen beglückt den geneigten Betrachter durch dauerhafte Anwesenheit in Mexiko, Brasilien und allen möglichen dazwischen liegenden Ländern.
Der Touristenbaum steht sich in dortigen Laubregenwäldern bewegungsarm die Wurzeln in den Stamm und kann kaum fassen, wie phantasiebegabt der Mensch beim Ersinnen aussagekräftiger Pflanzennamen ist.
Der Touristenbaum ist wirklich ein Baum, mit bürgerlichem Namen heißt er *Bursera simaruba*. Es ist der Amerikanische Balsambaum, ein adrettes Gewächs, dessen Borke von den jeweils um es herumwohnenden Eingeborenen als Insektenvernichtungsmittel eingesetzt wird. Und diese Borke hat ihm den Spitznamen Touristenbaum eingebrockt, denn die Borke schimmert rot und blättert in hübschen unregelmäßigen Borkenblätter-Fetzen vom Stamme herab – so wie die sonnenverbrannte Haut vieler Touristen von Arm, Gesicht und Nacken pellt, nachdem sich besagte Besucher wenige Tage in den sonnenverwöhnten Arealen Lateinamerikas aufgehalten haben.
Der etwas ältere Name *Nackter Indianer* spielt als politisch heute nicht mehr gänzlich korrekte Variante ebenfalls mit der Rothaut-Optik der Balsambaumborke.

Gibt es Unterwasserwälder?

Auf ihren Ästen turteln Fische, um ihre Zweige vollführen tollkühne Quallen muntere Spiele, und an den Stämmen haben es sich Muscheln gemütlich gemacht.
Unterwasserwälder existieren an mindestens 40.000 Orten auf der Welt. Experten schätzen, dass es bis zu 300 Millionen Bäume gibt, die in diesen Wäldern – nun ja: *leben* nicht mehr, aber *stehen* immerhin, denn die Unterwasser-Bäume sind tot, seit langer Zeit zumeist, Jahrhunderte schon, dank ungenügender Anwesenheit von Sauerstoff so tief da unten.
Abgestorbene Gruselwälder sind es, die aus Fluss- und Meeresböden emporragen.
Einst wuchsen sie wie ihre Wald-Kollegen auf trockenem Land. Doch Naturkatastrophen oder der Mensch, was mitunter auf dasselbe hinausläuft, ließen sie versinken. In kanadischen Stauseen und im Panamakanal können Taucher bis heute riesige Waldareale bestaunen, die untergingen, als die Flächen einst geflutet wurden.
Heute sind diese Wälder wahre Wirtschaftswunder, denn die Bäume sind meist gut konserviert. Es sind alte Bäume, wertvolle Arten, die wirklich geerntet werden. Dazu binden die Baumernter Gasballons um die Stämme. Mit hydraulischen Unterwasser-Sägen werden die Bäume dann gekappt und gelangen dank Ballonaufstiegshilfe an die Wasseroberfläche.
Unterwasserholzfäller: ein Job mit Zukunft.

Wie viele Bäume sind ein Wald?

Nehmen wir einmal drei weiße Birken, die eignen sich sehr gut für schnuller-schnulzigen Schlager. Wir erinnern uns da mit gewisser Gänsehaut an den Hit von Monika und Peter: *drei weiße Birken in meiner Heimat stehn, drei weiße Birken, die möcht' ich wiedersehn.*

Besagte Birken könnten in einem Wald stehen, aber die Birken allein sind noch kein Wald. Drei Bäume sind zu wenig, vorausgesetzt, sie stehen im Garten. Stehen sie dagegen im Wald, und der Wald um die Birken herum wird abgeholzt, bilden die Birken unter Umständen aber doch einen Wald, vorausgesetzt, die Lichtung mit den Birken wird in akzeptabler Entfernung von weiterem Wald umzingelt.

Das Problem: Es ist nie festgelegt worden, ab wie vielen Bäumen auf welcher Mindestfläche wir von Wald sprechen.

Nächstes Problem: Ein Stadtpark mit vielen Bäumen ist ein Park. Kahlschläge und Wege ohne Bäume sind aber ein Wald, solange sie im Wald liegen.

Wald definiert sich also nicht über die Anzahl der Bäume. Einen Wald haben wir erst vor uns, wenn sich in seinem Innern ein charakteristisch-feuchtes Waldklima entwickelt. Außerdem brauchen wir einen speziellen Waldboden.

Fazit: Wald ist Wald, wenn er sich wie Wald anfühlt und wie Wald riecht. Wie viele Bäume darin stehen, ist wurscht, es müssen eben genug sein. Aber wie viel genug ist, das ist von Fall zu Fall verschieden ...

Was ist das Geheimnis der Selbstmordpalme?

Das größtes Geheimnis war lange jenes ihrer Existenz, denn *Tahina spectabilis*, die Selbstmordpalme, wächst derart geheim auf urwäldrigem Terrain, dass kaum eines Menschen Auge sie sah und wissenschaftlich schubladisieren konnte.

Erst im Jahre 2007 wurde sie in Nordwest-Madagaskar entdeckt. Vermutlich wächst ihre Art seit 50 Millionen Jahren dort, und genauso vermutlich gibt es kaum mehr als hundert Exemplare.

Diese Palme blüht einzig, um zu sterben. Und wie sie blüht! Die knapp 20 Meter hohe Riesenpalme schießt, wenn ihr Ende naht, alle Lebenskraft in die Spitze des Stammes. Dann wächst aus ihrem Kopf ein neuer Stamm mit vielen kleinen Ästen und heller Rinde. Von Ferne sieht es aus, als erhöbe sich eine Birke auf der Palme. An den neuen Ästchen knospen in vollendeter Pracht ungezählte Blüten auf. Aus den Blüten werden Früchte. Vögel, Bienen, Schmetterlinge umschwirren jetzt den nektartriefenden Früchtetraum, laben sich und tragen das Palmenerbe hinaus in den Wald.

Unterdessen wird der Mutterbaum, der zu den größten Blütenpflanzen der Welt gehört, schwach und schwächer, aller Lebenssaft verströmt sich in den Früchten, der Stamm wird weich und bricht zusammen. Die Selbstmordpalme hat sich buchstäblich zu Tode geblüht.

9. Von Faschingsfischen und Wassermachos

Feiern Tiere Fasching?

Ich kann meinem Lieblingslabrador Geckengamaschen anplünnen, eine Narrennase auf den Kopf binden und das leidensfähige Vieh mit Konfetti bewerfen: Es würde mich lediglich lauernd ansehen und denken: *Im nächsten Leben bin ich der Mensch!*
Beim Karneval der Menschen feiert das Viehzeug lediglich leicht leidend mit, es käme nie auf den Gedanken, von sich aus *Helau* zu bellen.
Doch es gibt ein Tier, das Fasching feiert, ein Krake, und bei dem ist gleich das ganze Jahr über Karneval.
Entdeckt wurde der Karnevalstintenfisch 2001 vor der malaysischen Küste. Er benimmt sich, als frühstücke er täglich einen Clown; zur Faschingsparty schwimmt er als zebragestreifter Tintenfisch oder Flunder los und kommt als Seeschlange an. Er beeindruckt als Stachelrochen und Schnecke, aber seine beste Rolle spielt er, wenn er sich zusammenrollt und als Kokosnuss durchs Wasser treibt.
Dass er sich aus lauter Langeweile immer neue Verwandlungskunststücke ausdenkt und so zum Karnevalsjunkie mutierte, ist eher unwahrscheinlich; vermutlich ist es ein Beutefangtrick: erst Tarnen und Täuschen, dann zuschnappen, fressen und satt sein.
Tiere als Täuscher sind bestens bekannt, aber dass sie sich in ein Dutzend anderer Tiere verwandeln können, ist bislang nirgendwo sonst beobachtet worden. Und der Kokosnußtrick ist wirklich sensationell!

Müssen auch Fische Wasser trinken?

Die Flossenplantscher schwurbeln durchs feuchte Nass, sie schlafen, tauchen und verpaaren sich, fressen oder lassen sich fressen, und müssen für allerlei Seeungeheuergeschichten des Homo sapiens herhalten.
Aber haben sie bei alledem auch einmal Durst? Oder sind Fische sauflos glücklich? Sind sie Trinkmuffel? Wasserkostverächter?
Das kommt drauf an, bei welchen Fischkollegen wir uns befinden. Süßwasserfische trinken tatsächlich nie. Salzwasserfische dagegen trinken ständig.
Das hat etwas mit Osmose zu tun, dem Regulieren des Wasserhaushaltes in den Fischkörperzellen. Salzloses Wasser versucht ja immer dorthin zu kommen, wo es Wasser mit höherem Salzgehalt gibt, um sich zu vermischen.
Beim Süßwasserfisch ist es so: Die Körperflüssigkeiten des Fisches sind salziger als das Umgebungswasser, also läuft der Fisch über Kiemen und Schuppenhaut automatisch permanent voll Wasser. Selbst saufen muß er nicht, sondern im Gegenteil ständig Wasser ablassen, sonst würde er binnen kurzem platzen.
Bei seinem Salzwasserkollegen ist es umgekehrt, der würde regelrecht austrocknen, weil seine nur leicht salzigen Körperflüssigkeiten beständig den Weg durch die Haut hinaus ins salzsatte Umgebungswasser suchen, also muss der Salzwasserfisch egalweg saufen, damit er nicht verdurstet.

Welches Geheimnis hegen Kuckuckslippfische?

Die grellbunten Fischviecher in neonblau und straßenbauarbeiter-warnwesten-orange zählen zu den begabtesten Transvestiten unter den Feuchtgebiets-Tummlern.
Von Spanien bis hinein in Norwegens Fjorde tummeln sich die Wulstlippen-Lippfische am liebsten nah der Küste unter Felsenklippen und führen ein Leben voller Liebe, Sex und Zärtlichkeit in herrlichen Haremsverbänden.
Männer sind aber rar bei dieser Spezies, deshalb haben die wenigen männlichen Exemplare alle Flossen voll zu tun, dem Geweibsel um sie herum ein möglichst erfülltes Fortpflanzungs-Leben zu bieten.
Warum es so wenige Männer gibt? Nun, Lippfische werden grundsätzlich als Weibchen geboren, verbringen die kostbare Kindheit als solche, werden erwachsen, noch immer als Weibchen, doch wenn sie merken: *Fisch, hier gibt's so* gar kein *Männchen mehr!,* verwandeln sie sich flugs in ein solches.
Die Geschlechtsumwandlung dauert etwa ein halbes Jahr; danach sucht sich das ehemalige Weibchen jetzt als Männchen einen eigenen farbenprächtigen Harem zusammen.
Da die Geschlechtsmetamorphose erst im reifen Erwachsenenalter vollzogen wird, bedeutet das ganz nebenbei, dass die Haremsdamen meist deutlich jünger sind als das Kuckuckslippfischmännchen. Es sei ihm von der Wulstlippe bis zur Schwanzflosse von Herzen gegönnt!

Was sind Zwergmännchen?

Es sind die bedauernswertesten männlichen Geschöpfe, die die Schöpfung je hervorgebracht hat!
Zwergmännchen leiden! Bei ihnen ist bis heute nicht der Hauch einer Idee von Gleichberechtigung angekommen. Sie leben in einer Weiberwirtschaftswelt, die männlicher Entfaltung keinen Platz bietet.
Zwergmännchen gibt es bei einigen Spinnen-, Würmer- und Fischarten. Ganz extrem treiben es dabei die Damen der Tiefsee-Anglerfische:
Frau Fisch ist bis zu 40 Zentimeter groß, während es der Minimann auf übersichtliche zwei Zentimeter bringt.
Ist die Dame begattungsbereit, verströmt sie Duftstoffe, die auf die armen Männer wirken wie das Geflöte und Gepfeife des Rattenfängers von Hameln auf unschuldige Kinder. Der Anglerfischmann schwimmt dann zur Anglerfischfrau, beißt der Dame herzhaft in die Seite, und das war's. Des Mannes Maul bleibt in der Frauenhaut stecken, schrumpft und verwächst mit dem Weibchen. Ernährt wird er ab jetzt nur noch über den weiblichen Blutkreislauf. Einzige Lebensaufgabe: Wenn das Weibchen ihre Eier ablaicht, darf er seinen Samen dazu verspritzen.
Das Zwergmännchen ist zur reinen Begattungsmaschine degradiert worden. Gleichberechtigung klingt anders.
Anglerfische: die Ausbeutung des Männchens durch das Weibchen in Perfektion!

Welcher Fisch lebt auch an Land?

Es ist der Schlammspringer aus tropischen Mangrovenwäldern.
Dieses possierliche Tierchen mit seinem niedlich breiten Bratzkopf und den süßen, froschartig hervorquellenden Glupschaugen ist der einzige Fisch, dem es im Wasser zu langweilig geworden ist und der sich am liebsten an Land sowie im Brackwasserschlamm vor Afrikas Küsten herumtreibt.
Grund: An Land ist einfach mehr los, mehr Action, mehr Feinde greifen an, vor denen der Schlammspringer in schönster Panik fliehen kann. Am liebsten wird er von Reihern gefressen. Doch der Springfisch macht es seinen gefiederten Feinden nicht leicht, denn er kann wie ein Känguruh durch den Schlamm hüpfen und über Äste klettern. Er kann sich sogar über Schlick und Schlamm hinwegkatapultieren und in der nächsten Lieblingsmangrove voll Muße herumklettern.
Warum? Die Brustflossen sind zu paddeligen Gehwerkzeugen mutiert, mit denen er an Land einigermaßen elegant vorankommt. Er sieht wie ein gruselschöner Eidechsenfischfroschmix aus und atmet wie jedes Mitglied seiner Zunft durch Kiemen. Aber eben auch an Land, denn Freund Schlammspringer schleppt in einer Kiefertasche immer einen Tankvorrat an Meerwasser mit sich herum, und die Kiemen bedienen sich daraus bei Bedarf.
Was treibt er sonst? Unter Wasser frisst er Algen, an Land mümmelt er Insekten und achtet darüber hinaus darauf, dass er immer einen Flossenschlag schneller springt als der ihn gerade verfolgende fresslustige Reiher fliegt.

Welches sind die längsten Tiere der Welt?

Gemeinhin gilt die Portugiesische Galeere als Längenkönigin. Das ist eine giftige, bläuliche Qualle, deren Tentakel bis zu 60 Meter lang werden können.
In der Längenhitparade folgt danach der gewichtige Blauwal. Bei ihm sieht es so aus: Das männliche Fortpflanzungsorgan kann im ausgefahrenen Zustande die doch durchaus imponierende Länge von zweieinhalb Metern erreichen, und auch das restliche Tier, das an diesem Organ dranhängt, lädt den Betrachter zum Staunen ein. Der längste bis heute bekannte Blauwal maß 33, 58 Meter.
Dichtauf kommt eine Kreatur, die durch seichte, tropische Gewässer schwimmt: *Lineus longissimus*, ein Schnurwurm. Er gräbt sich gern in Ufernähe in den Sand ein und lauert da auf vorbeischwimmende Nahrungsmittel wie Muscheln, Krabben, Krebse und andere Würmer. Schnurwürmer haben ganz allgemein nicht die allerkürzesten Körper. Einige der mehr als 1.200 bekannten Arten können mehrere Meter lang werden, aber *Lineus longissimus* toppt sie alle. Dieser Wurm wird 30 Meter lang, und es gibt sogar Berichte, da ist die Rede von 35 Meter-Exemplaren. Sollte das stimmen, wäre der Wurm länger als jeder Blauwal. Nur an die Qualle kommt er nicht heran.

Wer kann am besten riechen?

Der Mensch ist ja ein ziemlicher Schnüffelstümper. Er trägt magere zehn Millionen Riechzellen im Riechkolben mit sich spazieren, wohingegen es unser liebster Vierbeinfreund auf zweihundert Millionen bringt. Das ist der Grund, warum der Hund seine Beute auf drei Kilometer Entfernung erschnüffeln kann.

Ähnlich gute Riecher haben Eisbär, Wolf und Mücke. Derweil stützen sich Ameisen auf ein ganz spezielles Geruchssystem, denn sie plaudern durch Düfte miteinander. Entdeckt ein einzelnes Tier eine Beute, die es allein nicht erlegen kann, zieht es eine Schnupperspur zum Bau, und auf dieser Spur jagen dann so viele Beute-zur-Streckebring-Helfer zurück, wie eben benötigt werden.

Doch den absoluten Riechrekord hält ein Fisch: der Aal. Er hat die beste Nase. Zwar kann er seine Umwelt nur verschwommen schwarzweiß sehen, doch riecht er Geruchsstoffe im Wasser, selbst wenn sie nur noch in einzelnen Molekülen darin herumschwimmen.

Beispiel: Schwömme ein Aal am Ostufer der Müritz, könnte er riechen, wenn am Westufer ein einzelnes Stück Zucker oder ein Beutefisch hineingeworfen wird.

Die Supernase des Aals besteht aus zwei Röhren, die im Rachendach enden; er riecht sozusagen mit dem Mund. Und was wir nur mit den Augen können, kann er mit der Nase: der Aal riecht räumlich: dreidimensional.

Welches Tier erschießt seine Beute?

Es ist die Knallgarnele. Im Volksmund heißt der Unterwasser-Cowboy Pistolenkrebs. Dieser Revolverheld zieht seinen Colt in Bruchteilen einer Sekunde.
Der Pistolenkrebs lebt an tropischen Korallenriffen. Der fünf Zentimeter große Geselle verfügt neben seiner Krebs-Greifschere über eine zweite Vorrichtung, die gefürchtete Pistolenschere. Will er Beute machen oder sich mit Artgenossen duellieren, knallt er die Scheren-Spitzen blitzschnell zusammen, in weniger als einer tausendstel Sekunde. Dadurch entsteht Unterdruck, und eine Wasserfontäne spritzt Richtung Gegner, mit fast 100 Kilometern pro Stunde. Durch die extreme Beschleunigung entstehen ultraheiße Kavitations-Wasserdampf-Blasen. Das sind winzige, mehr als 5.000 (!) Grad heiße Hohlräume, die mit fast unglaublichem Knall implodieren. Das klingt ähnlich wie der Schuss aus einer Pistole, nur sehr viel lauter: Bis zu 250 Dezibel kann der Knall erreichen, das ist mehr als ein startender Düsenjet zu bieten hat.
Durch Knall und Druckwelle wird die Beute des Pistolenkrebses betäubt, und der Unterwassercowboy kann sich genüsslich der nächsten Mahlzeit zuwenden.
Übrigens werden die schusssicheren Gesellen zu Forschungszwecken in Kunststoffaquarien gehalten. Grund: Die Druckwelle bringt sogar Glaswände zum Splittern.

Wie leben Farmerfische?

Es sind Fische, die nicht nur zum Spaß im Wasser schwimmen, fressen, sich lieben und vermehren, sondern auch geregelter Arbeit nachgehen.
Farmerfische sind, wie der Name nahelegt, von Beruf meist Wasserbauern und Gärtner.
Besonders begabt sind einige Riffbarsche. Sie leben im Pazifik und haben es im Gärtnern zu einiger Meisterschaft gebracht. Riffbarsche – auch hier hilft der Fischname dem Fischlaien erheblich auf die Sprünge – leben vorzugsweise an Korallenriffen, und mit ihnen jede Menge Algen. Riffbarsche mögen Algen, aber sie mögen nicht alle Algen und sie mögen vor allem keine anderen Fische, die Algen mögen.
So kommt es, dass Riffbarsche ihre Algengärten täglich hegen, pflegen und verteidigen. Sie umsorgen leckere Fadenalgen und rupfen weniger schmackhafte Unkrautalgen aus. Natürlich haben sie, wie andere Gärtner auch, Probleme mit Schnecken, die sich in ihren Gärten gütlich tun. Aber Seesterne, Krebse und Schnecken, die in den Algengärten herumräubern, nehmen die Riffbarsche einfach ins Maul und tragen sie davon, weit weg, wo sie keinen Schaden anrichten können. Und faule Nachbarn, die ungefragt aus fremden Gärten Algen klauen, werden einfach verprügelt und verjagt.
Farmerfische: die Gärtner unter den Flossenviechern.

Was macht Seenadeln zu Machos erster Güte?

Es ist ihr Brut- und Paarungsverhalten.

Die possierlichen Seepferd-Verwandten gehen extrem ökonomisch mit ihren Vermehrungsressourcen um und stehen alle auf richtig dicke, große, voluminöse Seenadelweibchen.

Zierlich-schlanke Exemplare haben bei den Nadelmännern keine Chance, das heißt, naja, auch so ein Seenadelkerl kann nicht aus seiner Haut, und wenn nur schmächtig-schlanke Mini-Nadelweiber zur Verfügung stehen, paart er sich auch mit denen, klar. Bevor er sich gar nicht paart, nimmt er tapfer auch ein diätisches Sparpaket in Kauf. Brav absolviert er dann seine Pflichten als biologischer Kinder-Miterzeuger, die er als Seepferdverwandter in seinem Gebärbrustbeutel austrägt.

Doch diese Männerschwangerschaft kann gesteuert werden.

War das Kopulationsobjekt zuvor ein spindeldünnes Seenadelweib, das nach männlichem Dafürhalten auch nur dürre Nachkommen produzieren kann, dann lässt der Nadelpapa die Babynadeln in seinem Beutel geradewegs verhungern. Mit den gesparten Nährstoffen versorgt er sich lieber selbst, hofft, dass die Schwangerschaftszeit möglichst bald endet und in der nächsten Schnackselrunde sich ein deutlich dickeres und damit fitteres Nadelweib von ihm beglücken lässt, deren Nachkommen dann auch die ganze nährstoffreiche Vaterliebe zu spüren bekommen werden, die ihnen zusteht.

10.
Von
Flugschlangen
und
Zombieameisen

Können Schlangen fliegen?

Die meisten schlängelnden Schuppenkriechtiere bewegen sich natürlich ihrem Namen entsprechend kriechend fort.

Es gibt aber eine Handvoll Baumnatternarten, die, wenn sie es sehr eilig haben, auf das mühselige Herumgekrieche verzichten. Das sind die fliegenden Schlangen aus den Regenwäldern Südostasiens. Es sind hübsche, zierliche, gerade einen Meter lange, meist grün-gelb gescheckte Schmuckbaumnattern, und sie können tatsächlich fliegen.

Das Experiment: Forscher bauten auf einer Lichtung einen zehn Meter hohen Turm. Ganz oben wurde eine Natter auf einen langen Stock gesetzt.

Was passierte? Die Schlange ringelte sich bis zum Stockende vor und ließ sich kurz hängen. Die vordere, frei schwingende Körperhälfte formte sie mit erhobenem Kopf zu einem U, stieß sich kräftig vom Stock ab und legte einen formidablen Gleitflug hin. Die längste bislang gemessene Gleitflugstrecke betrug ganz erstaunliche 24 Meter.

Dabei fliegt die Schlange, wie sie kriecht: Sie schlängelt sich durch die Luft, bis sie auf irgendeinem entfernten Baum wie ein weggeschleudertes Seil etwas unsanft landet.

Wie schafft sie das? Die Schmuckbaumnatter kann ihre Rippen extrem weit spreizen und ihren Körper damit auf doppelte Breite bringen. Der Bauch funktioniert dann wie die Tragfläche eines Flugzeuges.

Warum fressen Marder Autos auf?

Einige der schönsten Weichteile unserer Tagesbegleitmaschinen fallen dem Spitzzahnrowdy zum Opfer, wie Bremsschläuche und Lampenkabel, die wir durchaus liebgewonnen haben.
Doch warum mordet der Marder unschuldige Schläuche?
Steht er auf Gummi?
Mitnichten, er frisst das Zeug ja nicht mal, er frisst es nur *an*, er sabotiert und schändet das Auto, aber er schluckt kein Stück davon herunter.
Wird er von der Autoreparaturindustrie bezahlt und bestochen? Zieht ihn Restwärme des Motorraums an? Letzteres wird gern vermutet. Doch nichts davon stimmt.
Marder-Fraß ist in Wahrheit ein Akt der Marder-Abwehr, und wir sind schuld! Der Autoschläuche zerfetzende Steinmarder ist ja ein Reviertier. Sein Home ist sein Castle, und kein anderer Marder hat dort etwas zu suchen. Wir aber bewegen unsere Autos. Wenn an unserem Auto nun ein Marder sein Beinchen gehoben hat und besagtes Auto in anderem Marderrevier parkt, dann denkt der andere Marder natürlich: *Hey, hier ist ein revierfremder Gesell am Werk gewesen, dem werd ich's zeigen!* Er durchsucht das Auto, um den Fremden zu vertreiben, aber er findet ihn nicht, und das macht ihn kirre. Also zerfrisst er aus Frust die Kabelage. Motto: Wenn ich den Eindringling selbst nicht finde, dann mache ich wenigstens seine Wohnung kaputt. Toll. Danke, Marder!

Warum bekommen Spechte keine Kopfschmerzen?

Der fröhlich bunt gefiederte Geselle macht uns optisch viel Freude, kann aber akustisch auf die Nerven gehen. Beständig ist er mit meißeln, hämmern, picken, kurz: Krach machen beschäftigt.

Hauptberuflich ist der Specht Zerspanungstechniker. Er meißelt wirklich jede Baumborke auf und fräst ganze Höhlen aus den zerfetzten Holzfasern heraus.

Ein Specht hämmert mehr als 10.000 Mal pro Tag gegen wehrlose Bäume, 20 Schläge pro Sekunde sind nicht unmöglich, und jeder Schlag brettert mit 25 Kilometern pro Stunde gegen das Holz.

Trotzdem bekommt er keine Kopfschmerzen.

Spechtis Trick:

Sein Hirn ist vor Gehirnerschütterungen durch viele Muskeln hervorragend geschützt. Kurz vor dem Aufprall des Schnabels auf den Baum spannt er die Muskeln an, und die wirken wie Stoßdämpfer.

Außerdem ist der Schnabel federnd gelagert. Er ist mit dem Kopf ebenfalls über flexible Stoßdämpfer verbunden.

Darüber hinaus führt er seine Hammerschläge aus der Schulter heraus. Ein Specht hackt immer mit geradem Kopf. Dadurch wirken keine weiteren Verformungskräfte. Ansonsten bekäme er nämlich nicht nur Kopfweh, sondern auch Rückenschmerzen und verspannte Schultern.

Der Specht: schmerzfrei dank Stoßdämpfer im Kopf und extrem gesunder Körperhaltung.

Welche Folgen hat winterliches Wildvogelfüttern?

Es unterstützt, wer Vogelfutter kauft, zunächst einmal die Vogelfutterwirtschaft. Rund 20 Millionen Euro geben die Deutschen pro Jahr für Meisenknödel und Knabberkerne aus.

Wir fühlen uns der Natur auch näher, wenn sich vor morgendlichem Küchenfenster Specht und Meise, Fink und Drossel tummeln.

Kritiker sagen allerdings, das Füttern verweichliche die Tiere und störe die natürliche Auslese. Auch altes, krankes Vieh würde so durch den Winter gepäppelt.

Alles Quatsch, sagen die Kritiker der Kritiker, denn der Klimawandel habe bedeutend größere Auswirkungen auf die Vögel als der Meisenknödel.

Wahr aber ist: Füttern hat Folgen. Das Federvieh stellt sich nämlich darauf ein und ändert wie die Mönchsgrasmücke sogar ihr Winterzugverhalten, denn weil das Klima auf den britischen Inseln mild ist und die Engländer genauso gut zu Vögeln sind wie wir, ziehen seit Jahren schon einige Mönchsgrasmücken nicht mehr nach Spanien zum Überwintern, sondern ins Vereinigte Königreich.

Die England-Überwinterer haben mittlerweile begonnen, auch ihr Aussehen zu verändern. Flügelform und Federfarbe samt Schnabel mutieren!

Forscher sind sich sicher, dass hier in Rekordzeit eine neue Unterart entsteht. Evolution im Zeitraffer. Unterstützt durchs Vogelfüttern.

Wie männlich sind weibliche Hyänen?

Das hundewolfschakalähnliche Raubvieh namens Hyäne verfügt über einen extrem lädierten Leumund. Ob Tüpfel- oder Schabrackenhyäne, keiner mag sie, niemand liebt sie, und die Frauen sehen wie Männer aus.
Früher fabelten sonst durchaus fabelhafte Forscher, Hyänen könnten nach Belieben sogar ihr Geschlecht wechseln, doch das stimmt nicht.
Es ist nur so, dass Hyänen in reiner Weiberwirtschaft leben. Die weiblichen Exemplare führen ihren Clan an und manch Beobachter an der Nase herum, denn es sieht aus, als hätten die Damen männliche Begattungsorgane zwischen ihren Beinen baumeln. Aber das scheint nur so, denn die Hyänenfrau verfügt über einen Scheinpenis, der durchaus die Länge seines echten männlichen Verwandten erreichen kann.
Das macht die Begattung etwas schwierig, denn das Männchen muss schon sehr genau zielen und treffen, um irgendwas ausrichten zu können.
Vorteil fürs Weibchen: Es kann nicht ungefragt bestiegen werden und sich seinen Begatter selbst aussuchen.
Weitere Vorzüge der Mannsweiber: Sie sind derart angriffslustig, dass sie keinen Mann zur Verteidigung von Territorium und Nachwuchs brauchen.
Die Gleichberechtigung des Mannes ist bei Hyänen erschreckend schwach ausgeprägt.

Was ist ein Nebeltrinker?

Das ist ein Kopfstand-Käfer, der, wie der Name andeutet, Nebel trinkt, und zwar im Kopfstand.
Der Nebeltrinker ist eine erstaunliche Spezies, die dort wohnt, wo sie ohne Tricks gar nicht wohnen kann: in der Wüste.
Der Nebeltrinker ist ein zwei Zentimeter großer Schwarzkäfer, der aussieht wie ein Mistkäfer auf zu lang geratenen Spinnenbeinen. Doch diese Beine sind wichtig, denn im heißen Sand der westafrikanischen Namibwüste droht des Käfers Bauch schnell zu verbrennen. Darum hat er sich die langen dürren Beine angeschafft, die wie eine Hebebühne wirken und ihm zusätzlich eine für Käferverhältnisse herrliche Aussicht auf die umgebene Landschaft gewähren.
Selbige Landschaft bietet allerdings das Gegenteil von Abwechslung und keinen Tropfen Wasser.
Was also macht der Käfer? Er macht Handstand. Immer morgens rennt er nach ganz oben auf eine Sanddüne, senkt seinen Käferkopf und reckt den Hintern in die Wüstenluft. Es ist die Zeit der Nebelschwaden, die vom Atlantik ins Land ziehen; der Nebel verfängt sich am erhobenen Käferhintern, kondensiert und rinnt in extra dafür vorgesehene Nebeltropfen-Käferpanzer-Rücken-Rinnen über den Kopf direkt ins offene Käfermaul. So im Kopfstand versorgt sich der Nebeltrinker also mit Wasser und kann darob in seiner Namibwüste überleben.

Gibt es Fliegen mit Aufmerksamkeitsstörungen?

Kaum zu glauben, jedoch auch Fliegen können unter dem Zappelphilipp-Syndrom leiden, das wir politisch korrekt seit geraumer Zeit mit einer Verschlimmwörterung verschönschleiern und liebevoll Aufmerksamkeits-Defizit-Hyperaktivitäts-Syndrom, kurz ADHS, nennen.

Wie dem auch sei, deutsche und australische Forscher haben Zappelphilipp-Taufliegen gefunden. Die aufmerksamkeitsgestörten Viecher konnten sich entweder nicht konzentrieren und ließen sich andauernd ablenken, was auf ADHS deutet. Oder aber sie litten unter Gedächtnisverlust und beschäftigten sich verbissen mit immer derselben Tätigkeit, was den Verdacht nahelegt, dass es sich bei diesen Taufliegenexemplaren um Autisten handelte.

Die Forscher taten, was sie bei vergleichbaren Human-Problemen machen: Sie füllten die Fliegen mit Ritalin ab, und siehe da, die Zappelphilippfliegen konnten sich plötzlich wieder konzentrieren und ließen sich nicht mehr ablenken.

Fazit der Forscher: Die biologischen und chemischen Mechanismen in Fliegen- und Menschenhirnen müssen mehr Gemeinsamkeiten haben, als der flüchtige Blick auf Fliege und Mensch vermuten lässt. Es muss also Grundprinzipien geben, nach denen alle Gehirne funktionieren, und seien sie noch so klein.

Welches ist die giftigste Schlange der Welt?

Es ist ein Wesen, gegen das Kobra und Klapperschlange wirken wie familienfreundliche Haustiere. Der australische Inlandtaipan übertrumpft sie alle. Die bis zu zweieinhalb Meter lange Schlange ist zum Glück recht selten, lebt zurückgezogen in den Wüsten von West Queensland und richtet sich häuslich in Gesteinsrissen und Felstunneln ein, dort, wo auch ihre Hauptspeise lebt: Ratten und Mäuse.

Der *Inlandtaipan* ist Europäern erst seit dem späten 19. Jahrhundert wage ein Begriff. Damals wurden zwei Exemplare gefunden und gefangen und ins Melbourner Museum gebracht. Dann hörte man fast hundert Jahre nichts mehr von dem Taipan und er geriet in Vergessenheit, bis sich in den 1960ern ein Fremdenführer beißen ließ. Die Folgen waren furchtbar, und der Beißer wurde als Taipan identifiziert.

Eine Expedition durchsuchte das Angriffsgebiet – und entdeckte tatsächlich die Welt der Schlange, in einem Wüstenfels-Gebiet, das nicht sehr groß ist und menschenleer, zum Glück, denn wenn der Taipan beißt, verspritzt er einen Todescocktail, der 700mal giftiger ist als der der Klapperschlange.

Das Gift in jedem einzelnen Biss reicht aus, um 250 Menschen zu töten. Oder wahlweise eine viertel Million Mäuse.

Welcher Vogel ist König der Bruchpiloten?

Das ist der Albatros. Der große Seevogel sieht aus der Ferne betrachtet ein bisschen wie eine Monstermöwe aus, mit zu langem Schnabel und Flügelspannweiten bis dreieinhalb Meter – mehr hat kein anderer lebender Vogel zu bieten.

Wie elegant er segeln kann! Genaugenommen kann er kaum etwas anderes als segeln. Und wie ein Segelflugzeug braucht der Albatros eine veritable Start- und Landebahn. Bei Windstille nützt aber auch die Startbahn nichts, denn er kann erst bei Windgeschwindigkeiten ab zwölf Kilometern pro Stunde abheben.

Doch selbst bei Wind rennt sich der Albatros die Lunge aus dem Schnabel, bevor sein Luxuskörper endlich die Bodenhaftung verliert.

Seine Landemanöver an Land sind noch spektakulärer. Kaum ein Albatros kommt ohne Bruchlandung unten an. Gelegentlich gibt es sogar schwere Unfälle, meist aber bleibt es nach zirkusreifem Koppheistergehen, Stolpern und Purzelbaumschlagen bei reparablen Sachschäden wie Beulen und zerzotteltem Federkleid.

Der König der Bruchpiloten hat einfach zu schmale und zu lange Flügel, die sind zwar der Hit beim Segeln selbst im Sturm, aber der Albatros kann mit ihnen, wenn er mit hoher Geschwindigkeit zu Boden geht, schlicht und einfach nicht bremsen.

Deshalb sind Albatros-Landungen fast immer ein sehr sehenswertes Desaster.

Was ist das Gruselgeheimnis der Zombieameise?

Es passiert im Zwielichtschatten alter Bäume. Feuchte Hitze durchwabert eine Luft, die selten eines Menschen Lunge durchdringt. Hier, in den kaum erforschten Tiefen Thailändischer Regenwälder, wohnen Ameisen in Baumeswipfeln, und viele von ihnen mutieren zu Zombies, willenlosen Werkzeugen eines äonenalten Pilzes.

Dieser Parasitenpilz läßt tödliche Sporen in die hitzefeuchte Luft steigen, und die Sporen haben nur ein Ziel: Sie wollen Ameisen zu Zombies umprogrammieren, damit sich die Sporen zu neuen Pilzen weitervermehren können.

Dazu kletten sich die Sporen am Ameisenpanzer fest, keimen dort und bohren sich tief in den Wirtskörper hinein. Das vom Pilz durchdrungene ferngesteuerte, willenlose Tier krabbelt jetzt vom Wipfel des Baumes hinab. Wenige Zentimeter über dem Boden sucht es sich ein Blatt, beißt in die Blatt-Unterseite und stirbt.

So punktgenau steuert der Pilz die Ameise, dass sie genau dorthin kriecht, wo er die besten Wachstumschancen wittert.

In den folgenden Tagen wächst aus dem Ameisenkopf eine Hyphe, ein Pilzfaden, an dessen Ende ein runder Fruchtkörper mit neuen Sporen entsteht, die bald vom Winde verweht auf der Suche nach neuen Zombieopfern auf und davon schweben.

Diese Form des Parasitentums, sagen Forscher, gibt es seit mindestens 50 Millionen Jahren.

11. Von Weihnachtsinseln und Innenbinnenländern

Wie kam die Weihnachtsinsel zu ihrem Namen?

Geographische Lage, Geschichte und Staatszugehörigkeit dieses Inseleins sind leicht skurril zu nennen.
Christmas Island liegt irgendwo im Indischen Ozean, nur 350 Kilometer von der indonesischen Insel Java entfernt. Allerdings gehört das Eiland zum schlappe zweieinhalb tausend Kilometer entfernten Australien.
Tannenbäume gibt es auf Christmas Island nicht, Frost und Schnee sucht der Besucher auch vergeblich, denn die Durchschnittstemperatur liegt bei bummeligen 27 Grad.
Die Weihnachtsinsel ist nur etwas größer als Sylt und wurde Anfang des 17. Jahrhunderts entdeckt, durch holländische und englische Seefahrer und Seeräuber, wobei die Übergänge zwischen beiden durchaus fließend waren.
Für einige Jahre war das namenlose Inselchen dann schon bekannt, als es passierte: Kapitän William Mynors von der britischen Ostindien Kompanie erreichte das Tropenparadies mit seinem Schiff Royal Mary.
Mynors betrat das Eiland zwar nicht, weil die fiesen Vulkanfelsenformationen der Klippenküsten einfach zu bedrohlich wirkten, aber er verhalf dem aus dem Meer herausgewachsenen Vulkan immerhin zum Namen: Christmas Island. Denn der Tag, an dem er die Insel anlief, war der 25. Dezember 1643. Weihnachten eben.

Wo liegt der Ort mit dem längsten Namen Europas?

Es ist ein beschauliches Fleckchen Erde im Nordwesten von Wales. Zugleich ist es das bekannteste Dorf im Lande Cymru, gleich nach der Hauptstadt Cardiff.
Jedes Jahr pilgern viele Touristen in das 3.000-Seelen-Dorf, nur, um einmal in ihrem Leben zu prüfen, ob es tatsächlich einen Ort mit so absurdem Namen gibt. Sie werden nicht enttäuscht, denn es gibt ihn wirklich. Der längste Ortsname Europas ist 58 Buchstaben lang: *Llanfairpwllgwyngyllgogerychwyrndrobwllllantysiliogogogoch* – zu deutsch: *Marienkirche in einer Mulde weißer Haseln in der Nähe eines schnellen Wirbels und in der Gegend der Thysiliokirche, die bei einer roten Höhle liegt.*
Der etwas exzentrische Name soll auf einen Schuster im 19. Jahrhundert zurückgehen, der den Handel in Schwung bringen und auf diese Weise auf den Ort aufmerksam machen wollte – es ist ihm geglückt.
Bis zur damaligen Namensänderung hieß das Dorf ganz unaufdringlich *Llanfair Pwllgwyngyll.* Heute sind die Einwohner von *Llanfairpwllgwyngyllgogerychwyrndrobwllllantysiliogogogoch* stolz auf ihren Mega-Monster-Mutanten-Namen, und sie haben eine Dörfer-Partnerschaft geschlossen mit einem nicht minder skurrilen Ort. Der liegt in der niederländischen Provinz Friesland und heißt *Ee.*
Und immer, wenn sich Menschen aus *Ee* und aus *Llanfairpwllgwyngyllgogerychwyrndrobwllllantysiliogogogoch* besuchen, gibt es ein großes Hallo. Pfff…

Wem gehört Ungarn?

Die Frage mag befremden. Das Volk der Magyaren gilt zwar als eigensinnig, aber als durchaus demokratisch und nutzt bis auf weiteres die republikanische Staatsform.
So einfach ist es aber nicht, denn in der mehr als tausend Jahre währenden ungarischen Geschichte haben sich Rechtsvorstellungen entwickelt, die kaum weniger befremdlich klingen als die Frage, wem das Land gehöre.
Um es kurz zu machen: Ungarn gehört der Stephanskrone.
Der Heilige Stephan war Ungarns erster König. Anfang des Jahres 1001 wurde er zum König gekrönt, mit der Krone, die ihm Papst Silvester II. freundlicherweise geschickt hatte, denn, so die vorherrschende Meinung schon damals: ein echter König brauche auch eine echte Krone.
Diese erste wirklich echte Stephanskrone ist leider irgendwann abhandengekommen. Doch es gibt eine zweite Krone, die in ihrer heutigen Form wohl um 1185 aus zwei Einzelkronen zusammengesetzt worden ist und das Land noch immer regiert! Es ist die Heilige Krone.
Mit ihr wurde bis 1916 jeder ernstzunehmende ungarische König gekrönt, denn nach uralter Rechtsansicht gehört das gulaschsuppen-, paprika- und Tokajer-Weinreiche Land dieser Krone. Nur wer mit ihr bekrönt ward, konnte das Land wirklich regieren.
Die Krone, der das Land gehört, ist heute im ungarischen Parlamentsgebäude zu sehen.

Was hat die Eisenbahn mit korrekter Zeit zu tun?

Böse Zungen behaupten: Nichts.
Die Wahrheit ist überraschend: Alles.
Nur weil es die Eisenbahn gibt, gibt es das weltweite Zeitzonennetz mit amtlich festgelegten Standardzeiten.
Grund: Der Reisende muss ja wissen, wann sein Zug aus Budapest in Bremen und aus Hamburg in Hagenow ankommt, also theoretisch, laut Fahrplan … ankommen soll. Das funktioniert nur, wenn alle denselben Zeitstandard verwenden, natürlich plus minus der üblichen ganzstündigen Längengradverschiebungen.
Einen solchen Zeitstandard gab es aber bis kurz vor Beginn des 20. Jahrhunderts überhaupt nicht. Jede Stadt stellte ihre Uhren penibel nach dem Sonnenstand, doch verbindliche Zeiten zwischen Anklam und Amsterdam waren damit nicht zu erzielen. Das wurde zum Problem, als der Zugverkehr zunahm.
Lange Jahre richtete sich der interne Bahnzeitplan in Preußen deshalb etwa nach der Berliner Zeit. Als das nicht mehr langte, führten die Bahnen in Österreich-Ungarn und im Deutschen Reich 1891 eine einheitliche Mitteleuropäische Eisenbahnzeit ein, die 1893 zur allgemeinverbindlichen mitteleuropäische Zeit mutierte und bis heute gilt.
Wir lassen uns also genaugenommen von einer Eisenbahnzeit leiten. Wir. Die Eisenbahn nicht unbedingt …

Wo steht das Gebäude mit der längsten Bauzeit der Welt?

Wir finden es bei unseren karnevalsbegeisterten Freunden in Köln. Es ist der Kölner Dom.
Ob beständiges Faschingsfeiern oder ganz normaler Größenwahn gepaart mit klammen Finanzkassen der Grund der exorbitant langen Bauzeit war, sei dahingestellt, Fakt ist:
Alles begann an einem Sommertag des Jahres 1164. Der Erzbischof brachte aus Mailand einen Schatz mit nach Hause an den Rhein, die Reliquien der Heiligen Drei Könige. Diese Raritäten-Reste der berühmten biblischen Magier zogen derart viele Pilger an, dass der bereits bestehende Dom zu klein wurde. Also ward ein neues Bauwerk erdacht, schöner und größer, in Wahrheit fast zu schön und groß, um damit jemals fertig zu werden.
Im August 1248 begannen die Kölner den Bau des neuen, jetzt gotischen Domes, und sie bauten, bauten und bauten, bis sie nach mehrhundertjährigem Baustopp weiterbauten, um nach neuerlicher Auszeit Generationen später wieder weiterzubauen.
Irgendwann inmitten der Baujahrhunderte entstand die schöne Weisheit, dass an dem Tag, an dem der Kölner Dom fertig sei, die Welt untergehe.
Der Weltuntergang kam nicht, der Dom wurde trotzdem fertig, vollendet nach gotischen Originalplänen, im August 1880, auf den Tag genau 632 Jahre nach Baubeginn.

Was ist das Besondere am Isländischen Telefonbuch?

Das Volk der 320.000 Isländer kommt mit einem einzigen eintausend Seiten starken Buche aus. Doch wer als ahnungsloser Ausländer nach Heidar Erikson sucht, wird sehr verzweifelt die E-Seiten durchblättern und keinen Erikson finden, denn das isländische Telefonbuch ist das einzige, das nach Vornamen sortiert ist, nicht nach Familiennamen.

Es gibt auf Island nur wenige wirkliche Nachnamen, und die fallen unter die Rubrik *exotisch-uninteressant*.

Wie kommts? Auf Island duzt jeder jeden. Über Generationen hinweg vererbte Nachnamen störten da eher, als dass sie Klarheit schafften.

Allerdings erhalten Isländer bei der Geburt zum Vorauch den Vater- oder in Zeiten angewandter Gleichberechtigung den Mutter-Namen.

Heidar Erikson bedeutet also: das ist Heidar, Eriks Sohn. Wenn dann Heidar Erikson einen Sohn namens Ole zeugt, dann heißt der natürlich Ole Heidarson, nicht Erikson, denn Erik war schließlich Heidars Vater, nicht Oles Erzeuger. Alles klar?

Das ist eine archaische Form der Namensgebung, die es vorzeiten auch bei uns gab, nur dass sich unsere alten Vaternamen im Laufe der Jahrhunderte zu echten Nachnamen wandelten. Trotzdem kann jeder Norddeutsche, der Petersen oder Johansson heißt, sicher sein, dass einer seiner Altvorderen tatsächlich Peter oder Johann hieß.

Warum heißt Venezuela Venezuela?

Ganz klar, weil die Namensgebung durch einen Italiener vorgenommen wurde, und das kam so:
Die Europäer waren mal wieder gen Westen unterwegs, um eine Abkürzung nach Indien zu finden. Tatsächlich landeten sie in Amerika. Dort eroberten sie das Entdeckte, aus Gründen des Ruhmes und der Geldgier. Glanz- und Greueltaten lagen dicht beieinander.
Venezuelas Namensgeschichte darf darüber hinaus als leicht skurril bezeichnet werden. Anno 1498 steuerte Kolumbus das damals namenlose Land an, ging an selbiges, und fand dort, was er auch zu Hause hätte sehen können: Bauern, Fischer und Jäger.
Kolumbus zog gelangweilt weiter und unterließ es hier, sich einen sinnfälligen Namen auszuklamüstern, der die Jahrhunderte hätte überdauern können.
Das übernahm 1499 ein Italiener, Amerigo Vespucci: Der segelte da vor fremder Küste so vor sich hin, besah sich aus der Ferne Land und Leute und auch deren Dörfer: Die muteten abenteuerlich an, denn Hütten und Häuser standen im Wasser, auf Holzpfähle gebaut, durch Stege verbunden.
Nun kannte Vespucci natürlich Venedig, mit seinen Grachten und Kanälen, und so nannte er das Land ganz einfach Venezuela, das bedeutet Klein-Venedig.

Wo finden wir die älteste Stadt der Welt?

Sie liegt im Nahen Osten, in der Jordansenke, oberhalb des Toten Meeres. Die Bibel berichtet von ihr, und sie ist viel älter als alles, was wir sonst an Städten kennen: Jericho.

Die Geschichte beginnt in der Steinzeit. Erste Siedlungsspuren, verbunden mit Ackerbau und Viehzucht, reichen zurück bis ins 10. Jahrtausend vor Christus. Uralte Karawanenwege kreuzen Jericho. Immer wieder wurde der nach dem Mondgott Jarich benannte Ort verlassen, zerstört, erobert und wieder aufgebaut.

Mit ihrem methusalemischen Alter von heute 12.000 Jahren schlägt Jericho alles aus dem Felde, was sonst irgendwie alt scheint.

Zum Vergleich: Das legendäre Babylon wurde vor 4.000 Jahren gegründet, Peking vor 3.000 und Orte wie Rom und Pompeji erst vor gut zweieinhalbtausend Jahren.

Deutschlands Städte sind noch wesentlich jünger. Hier können lediglich Römergründungen durch eine gewisse Langlebigkeit beeindrucken. Als älteste Orte gelten unter anderem Augsburg, Trier, Köln, Worms und Bonn, die allesamt in den letzten Jahrzehnten vor der Zeitenwende, also vor Christi Geburt, gegründet wurden. Nichts im Vergleich zu Jericho.

Übrigens ist die Stadt nicht nur die älteste, sondern auch die tiefstgelegene Stadt der Welt. Jericho befindet sich rund 250 Meter unter dem Meeresspiegel.

Welches Geheimnis birgt Ferdinandea?

Das ist die Mittelmeerinsel mit der vermutlich kürzesten Lebensdauer aller Zeiten.
Das unansehnliche Geröll-Eiland lag 60 Kilometer südlich Siziliens. Im Juli 1831 entstieg es den Fluten des Meeres, nur, um ein halbes Jahr später schon wieder abzutauchen. Ferdinandea war eine Vulkangeburt, wie es sie in den Meeren der Welt immer wieder gibt.
Das interessante ist dabei der Streit, den die Insel während ihres kurzen überseeischen Lebens auslöste. Ein Deutscher Geologe taufte sie auf den Namen des amtierenden sizilianischen Königs Ferdinand, das war noch nett. Ein englischer Kapitän taufte sie zeitgleich Graham Island, das war egal, aber er besetze sie auch und reklamierte die Insel für das englische Königshaus. Das war weniger nett. Dann mischten sich auch noch die Franzosen ein, und Sizilien erhob ebenfalls Ansprüche, aus inhaltlich und geographisch naheliegenden Gründen.
Das frühzeitige Wiederversinken beendete den Streit, aber die Grundfrage bleibt: wem gehört so eine Insel-Neugeburt?
Antwort: dem Entdecker nicht, es sei denn, er ist ein König.
Neue Inseln gehören entweder dem Land, in dessen Hoheitsgewässern sie auftauchen oder dem Staat, dessen Armee, Polizei oder König zufällig vorbeikommt und sie fürs eigene Vaterland beansprucht.

Was haben Liechtenstein und Usbekistan gemeinsam?

Auf den ersten Blick sind die beiden Staaten ein gutes Beispiel für Länder, die so gut wie keine Gemeinsamkeiten haben.
Hier haben wir das superminikleine Liechtenstein in den Alpen mit Rheinidyll und einem echten Fürsten als Chef an der Spitze der Erbmonarchie.
Dort sehen wir das zentralasiatische Usbekistan, das ungefähr so groß wie Schweden ist und mit Städten wie Samarkand und Buchara einen Hauch des Zaubers aus Tausend und einer Nacht verströmt.
Doch beide Länder haben keinen Zugang zum Meer. Das wäre nicht weiter ungewöhnlich, denn weltweit gibt es mehr als vierzig sogenannte Binnenstaaten. Jene Länder zeichnen sich meist dadurch aus, dass sie extrem gute Beziehungen zu ihren Nachbarn unterhalten, um wenigstens über Fernstraßen einigermaßen günstig und sicher das nächstgelegene Meer zu erreichen, was für internationale Handelsbeziehungen nicht ganz unwichtig ist.
Aber Usbekistan und Liechtenstein müssen sogar mit den Nachbarn der Nachbarn bestens auskommen, denn: es sind die einzigen Staaten der Welt, die ihrerseits komplett von Binnenländern umgeben sind, Binnenstaaten zweiter Ordnung sozusagen.
So etwas gibt es kein drittes Mal auf der Welt.

12. Von Asphaltseen und Sternentränen

Wo liegt der Eingang zum Reich der Toten?

Wir kennen es als Hades, Hölle oder Helheim, das Reich, vor dessen Tor laut Dante steht: *Ich bin der Eingang zum verlornen Volk. Tu, der du eintrittst, alle Hoffnung ab!*
Doch Dante irrte. Der Eingang zur Unterwelt ist kein stehendes Tor, es ist ein zähflüssiger, Schwefelgase verströmender, pechschwarzer See, vierzig Hektar groß. In ihm versank durch Göttergericht vor Zeiten ein frevelhaftes Dorf. Indianische Legenden berichten davon, dass sich hier der Eingang zur Unterwelt findet.
Die Rede ist vom *Pitch Lake* auf Trinidad, dem einzigen Natur-Asphaltsee der Welt. Rund 20.000 Touristen besuchen Jahr für Jahr diese hässlichste Attraktion der Karibik.
Der Asphaltsee ist hundert Meter tief. Pro Jahr werden 200 Tonnen abgepumpt und als Zusatzstoff für den Straßenbau in alle Welt verkauft. Naturasphalt oder Bitumen, also Erdpech, wird als Versiegelungs- und Klebemittel im gesamten Bauwesen verwendet. Normalerweise wird es per Vakuumdestillation aus Erdöl gewonnen.
Forscher vermuten, dass unter Trinidad zwei gewaltige Gesteinsplatten aneinanderschrapen und enormen Druck auf darunterliegende Erdölfelder ausüben. Dadurch entsteht emporstrebendes Erdpech und bildet den einzigartigen Asphaltsee.

Wo ist es am staubigsten auf der Welt?

Natürlich auf dem Wasser.

Staub besteht aus unterschiedlichen Zutaten: Blütenpollen und Bakterien, dazu kommen Pilzsporen und Gesteinsreste, Rauch- und Rußpartikel, Salzkristalle und Baumwollfasern, nur mal so zum Beispiel.

In unseren Städten stammt der meiste Staub von den Straßen. Stadtstaub ist ein Mix aus Autoabgasteilchen, Reifenabrieb und Straßenbelagspartikeln. Drei Viertel des Stadtstaubes hat dort seinen Ursprung.

Auf dem Land sieht das anders aus. Gesteinsstaub, der auf den Feldern aufgewirbelt wird, macht dort den Löwenanteil aus.

Global betrachtet haben wir jedoch zwei Hauptquellen: Zwei Milliarden Tonnen kommen jährlich aus den Wüsten der Welt. Gigantische Sand- und Stein-Staubwolken fliegen um den Globus, von China nach Amerika, aus der Sahelzone und der Sahara nach Europa und in die Karibik. Das bedeutet: Die obere Erdschicht auf Jamaika, Kuba und den Bahamas stammt in Wahrheit aus Afrika.

Doch den meisten Staub wirbeln die Ozeane auf. In der Gischt der Wellen zerplatzen Luftbläschen. Dadurch entstehen sogenannte Meersalzaerosole. Hauptbestandteile: Salz und Gips. Jahresproduktion: drei Milliarden Tonnen.

Seesalzstaub ist damit der häufigste Staub der Erde. Über den Ozeanen staubt es also am meisten.

Warum heißt die Ostsee nicht Ostmeer?

In vielen wasserreichen Gebieten unseres blauen Lieblingsplaneten sind die Feuchtgebietsbezeichnungen meist klar geregelt.
Da gibt es, abgesehen von Totem und Kaspischem Meer, Ozeane, Meere und Seen, die tatsächlich Ozeane, Meere und Seen sind; dazu Teiche, Tümpel und auf schlechten Wegen auch Pfützen.
Nordeuropa und insbesondere Norddeutschland schlagen aber am Wasser wortakrobatische Kapriolen. Denn hier heißen die Meere See, wie Nord- und Ostsee. Und Seen heißen oft Meer, wie Steinhuder-, Zwischenahner-, Großes-, Ewiges- und Eisel-Meer. Diese Meere sind aber allesamt Seen.
Wie kommt's? Im Niederländischen und Niederdeutschen sind Meer und See im Vergleich zum Hochdeutschen einfach vertauscht, schon seit dem Mittelalter. Dabei haben sich die Nordländler sogar den alten hochdeutschen Sinn fürs Meer bewahrt, denn Meer bezeichnete ursprünglich nur Sumpf oder stehendes Gewässer.
Faustregel heute: Ein norddeutsches Meer ist in Wahrheit ein See. Eine norddeutsche See ist dagegen ein Meer.
Nur manchmal werden norddeutsche Seen zur Freude süddeutscher Mitmenschen überraschenderweise auch See genannt. Das ist ein äußerst freundlicher Zug des Norddeutschen an sich.

Wo ist es am trockensten auf der Erde?

Es gibt zwei Landstriche, die das Prädikat knochentrocken verdienen, und beide finden sich, wo wir gemeinhin Wasserüberfluss vermuten, in welcher Darreichungsform auch immer, ob als Regen, Schnee oder Eis. Am trockensten ist es jedenfalls in Teilen Südamerikas und der Antarktis.

Im Westen Südamerikas, in Chile, finden wir, direkt am Meer, die Wüste Atacama. Sie wird im Osten durch die Anden begrenzt und liegt im Regenschatten der Berge, das heißt, keine einzige Wolke schafft den Weg über die Anden in die Wüste. Von Westen verhindert ein kühler Meeresstrom, der Humboldtstrom, zumeist die Wolkenbildung. Nur ein bis zweimal pro Dekade wird's wärmer im Humboldtstrom, und heftige Regengüsse ergießen sich auf die Wüste, aber nur auf ihre Randgebiete, denn es gibt Stellen in der Atacamadrögnis, in der es seit Jahrhunderten nicht mehr geregnet hat.

Noch trockener sind nur die Trockentäler der Antarktis. Dort finden wir felsenhart gefrorene Böden, die schneefrei sind, seit Jahrmillionen! Auch hier verhindern ungünstige Luftströmungen, dass sich jemals Wolken bilden. Das Klima erinnert mehr an den Mars als an die Resterde. Die NASA hat dort deshalb sogar einige ihrer Marssonden unter quasi Mars-Originalbedingungen getestet.

Wo liegt die Pampa?

Sie liegt aus Großstadtsicht überall dort, wo man definitiv nie hin will.

Die Pampa ist die personifizierte Einöde. Der Pampa-Bewohner besteht zu 50 Prozent aus Langeweile, zu 20 Prozent aus Stumpfsinn und zu je zehn Prozent aus Monotonie, Apathie und Pampatonie, das ist eine besonders krasse Form phlegmatischer Blödigkeit, die immer dort anzutreffen sei, wo es weniger als fünf Häuser, zwei Straßen und einen Supermarkt gibt.

Wer in der Pampa wohnt, meint freilich, die Pampa erstrecke sich noch weiter draußen, im zivilisatorischen Nichts, und diese Ansicht ist nicht ganz falsch:

Die echte Pampa ist eine Grassteppe zwischen Anden und Atlantik in Südamerika. Es ist eine Wildnis ohne Wild, denn dorthin verirren sich nicht mal Tiere in nennenswerter Vielfalt. Nur Fuchs und Hase sagen sich Gute Nacht, der Pampa-Fuchs und der Pampa-Hase, um genau zu sein, und der Pampa-Hase wiederum ist ein enger Verwandter des Meerschweinchens, jenes flauschig-fluffigen Muckers, der sich besonderer Beliebtheit in Großstadtwohnungen erfreut, womit wir den Bogen in die Zivilisation zurückgeschlagen hätten.

Fazit: Selbst in bester Citylage lebt mitunter ein sehr lebendiges Stück Pampa unter uns.

Woher hat der Vulkan seinen Namen?

Der gerade Namensweg der feuerspeienden Berge führt auf eine Insel und von dort zu einem Gott.

Vor der Nordküste Siziliens liegt im Tyrrhenischen Meer eine kleine, heiße Inselgruppe, die seit Menschengedenken als Feuerküche und Gesteinsschleuderfabrik bekannt ist.

Es sind die Äolischen Inseln, die hier aus dem Meer herausgewachsen sind, und eine von ihnen heißt *Vulcano*. Das Eiland ist 21 Quadratkilometer groß, besteht aus nebeneinander liegenden und ineinander verschachtelten Feuerbergen, und nach den Bergen dieser Insel werden die Gesteinsräucherschlote überall auf der Welt Vulkane genannt.

Der Inselname *Vulcano* wiederum ist eine Anlehnung an den römischen Gott des Feuers und der Schmiedekunst, *Vulcanus*. Dieser Gott war so ungefähr das hässlichste, was die große, potente Götterfamilie einst produzierte, und so wurde er wegen besagter Hässlichkeit aus dem erlauchten Kreis seiner Götterkollegen hinausgeworfen und musste fürderhin ein arbeitsreiches Leben unter Tage führen.

Eine seiner Hauptwerkstätten, in denen er unter anderem Jupiters Blitze und Donnerkeile schmiedete, vermuteten die Menschen unter eben jener Feuerberginsel *Vulcano*, die deshalb des Gottes Namen trägt.

Wo finden wir den höchsten Berg der Welt?

Nun, es kommt ganz darauf an, wo wir suchen. Unsere Freunde, die Alten Griechen, guckten sich eher in der näheren Umgebung um und fanden dort den Olymp. Er war, soweit das Auge sah, der höchste Berg, also schlussfolgerten sie messerscharf, das müsse auch der höchste Hügel der Welt sein, installierten auf ihm ihre Götterwelt und hatten ihre Ruhe. Dass der Olymp eher putzig als hoch ist – nicht einmal 3.000 Meter – störte die Griechen nicht.

Viel später wurde im Himalaya der Mount Everest entdeckt und im Jahre 1856 offiziell zum höchsten Berg der Welt ernannt. Diesen Status hat er noch heute, dank wirklich imposanten 8.848 Metern.

Doch es gibt einen Berg, der ist noch höher. Er ist Teil von Big Island, der größten Insel des Bundesstaates Hawaii. Es ist *Mauna Kea*, der *weiße Berg*, ein alter, heute schlafender Vulkan. Bananen und Kaffee werden auf ihm angebaut, und Rinder grasen auf seinen Hängen. Nur etwas mehr als 4.000 Meter ragt er über dem Meer empor, doch seine wahre Größe offenbart sich unter Wasser.

Der *Mauna Kea* wurzelt nämlich im Meeresboden der Tiefsee, und von dort gerechnet bis zum Gipfel sind es gut zehn Kilometer. Damit ist er tatsächlich der höchste Berg der Welt.

Was sind Gezeitenbuckel?

Diese formschönen, aber von keinem Menschen je wirklich bestaunten Buckelwellen sind genaugenommen die Festlandverwandten von Ebbe und Flut.

Der Mond sorgt ja mit seiner Anziehungskraft für den täglichen Tidenhub. Alle zwölf Stunden dasselbe Schauspiel: Das Wasser der Meere erhebt sich zur Flut, nur, um gleich wieder zurückzuweichen und als Ebbe gerade erst beschlagnahmtes Land freizugeben.

Tidenstieg und Tidenfall: Es ist die Kraft des Mondes, die an dem Wasser zerrt, eine gewaltige Kraft, denn der Tidenhub kann an der kanadischen Atlantikküste mehr als 20 Meter betragen.

Doch der Mond zieht nicht nur das Meer zu sich empor. Auch das Festland folgt seinem anziehenden Ruf. Die Täler und Berge mit ihren Feldern, Wäldern und Wiesen, ihren Städten und Autobahnen, alle folgen dem Sog der Mondanziehungskraft.

Jeden Tag wölben sich deshalb unsere Kontinente wie gigantische Landwellen auf, das sind die Gezeitenbuckel. Zwar erreichen diese Buckel nicht annähernd die Dimensionen von Ebbe und Flut im Ozean, doch bis zu 30 Zentimeter wölbt sich dem Mond sei Dank auch die Erdkruste Tag für Tag in ihren Gezeitenbuckeln auf.

Wie viele Sternbilder gibt es?

Wer die nächtens flimmernde Phantasie-Bildpracht beschaut und bestaunt, dem kommen gewiss die großen Alten in den Sinn und in den Blick: Kassiopeia, Großer Wagen und die Tierkreiszeichen. Sie sind seit Menschengedenken auf Himmelskarten verzeichnet.

Die ältesten Bilder sind die Zwölf Tiere, die Horoskopschnitzern bis heute unerlässlich sind. Sie waren Babyloniern und Ägyptern schon vor 5.000 Jahren geläufig. Im antiken Griechenland stockte Ptolemäus den Sternbilderbestand dann auf 48 auf. Später kamen so viele dazu, dass zeitweise mehr als hundert Bilder auf uns herabflackerten, bis 1922 die Internationale Astronomische Union die Zahl auf 88 begrenzte.

Dabei tummeln sich über unsern Häuptern auch Bilder, die zu recht kaum jemand kennt, wie Mikroskop, Pendeluhr und Chemischer Ofen, zu Ehren eines französischen Chemikers ans Firmament fabuliert. Sie wurden in den 1750er Jahren von dem Astronomen Nicolas de Lacaille eingeführt, der einen offensichtlichen Hang zu technischen Geräten hegte. Besagter Astronom bepflasterte den Himmel überall, wo er noch ein Plätzchen Sternbildfreiraum witterte, mit hochgradig unromantischen Namenskreationen. Ihm verdanken wir auch die Sternbilder Kompass, Zirkel und Luftpumpe.

Wann werden Laurentiustränen vergossen?

Es sind Tränen, die im August jedes Jahres der Himmel weint.
Die Erde kreuzt zu dieser Zeit die Bahn der Perseiden, und dieser Kometentrümmerschwarm lässt seine Trümmerbrocken durch unsere Atmosphäre regnen und verglühen. Es sind Reste des Kometen Swift-Tuttle, die aus dem Sternbild Perseus zu stürzen scheinen. Wir sehen sie als Sternschnuppen Spuren über den Himmel ziehen.
Und Laurentius? Er war einst Diakon des Papstes.
Die Legende erzählt: Im Jahre 258 lässt Kaiser Valerian den Papst enthaupten. Laurentius vergießt darüber bittere Tränen, doch das Martyrium ereilt auch ihn. Warum? Er soll Valerian den Schatz der Kirche aushändigen, aber er hat alles Kirchengold schon weggegeben, an Bettler, Lahme, Blinde, an die vom Leben fast Vergessenen. Und als Valerian den Kirchenschatz verlangt, treibt Laurentius all diese Menschen zusammen und sagt zum Kaiser: *Siehe, dies sind die ewigen Schätze der Kirche!* Daraufhin wird Laurentius auf glühenden Platten zu Tode geröstet. Es ist der 10. August 258.
Die Laurentiuslegende soll ein Gleichnis für Menschen sein, die sich fragen, was wirklich wichtig in ihrem Leben ist, das Gold oder der Mensch.
Die Sternschnuppennächte im August erinnern an die Martertränen des Laurentius und präsentieren uns bei klarem Himmel wahre Schnuppenspektakel, mit mehr als hundert Laurentiustränen pro Stunde.

13. Von Todesteppichen und Maßmonarchen

Seit wann gibt es den roten Teppich?

Wir verehren das Glamour-Stoffstück wie kein zweites. Über diesen Teppich drömelt, rennt und schlendert niemand, denn es ziemt sich auf ihm nur eines: majestätisch-eitles Schreiten. Oscar-Verleihung und Staats-Empfang sind ohne den roten Teppich undenkbar.

Es gibt ihn seit der Zeit der Alten Griechen. Aischylos berichtet vor zweieinhalb tausend Jahren, wie Agamemnon Troja besiegt, und als der Held nach Haus zurückkehrt, breiten Sklaven einen Purpurteppich ihm zu Füßen. Zu jener Zeit war das ein ungeheuerlicher Vorfall, eine gotteslästerliche Anmaßung, denn es galt als Vorrecht der Götter, auf jenem purpurroten Stoffe auszuschreiten. Erst später wurde es üblich, daß auch Menschen, Herrscher von Gottes Gnaden, sich ebenfalls auf rotem Teppich tummeln durften.

Blöd bloß, dass der vermutlich erste rote-Teppich-Besteiger wenig Freude auf seinem Wege hatte, denn Agamemnons andre Ehehälfte Klytaimnestra machte dem Gatten den Garaus auf eben jenem Prunkstück. Es ist ein Zeichen dafür, dass der Mensch nicht eitel-übermütig auf Stoffen einherschreiten sollte, die den Göttern vorbehalten sind.

Heutige Stars wissen von diesem durchaus zweifelhaften Ursprung des Glamour-Teppichs nichts mehr, sonst würden sie den mörderischen Teppichglanz möglicherweise hin und wieder durchaus meiden.

Woher stammt die Kutsche?

Dem kutschengeschichtskenntnisbefreiten Kutschenbetrachter fallen hier zwei Dinge auf: Antriebsart und Alliterationsakrobatik.
Der Antrieb erfolgt durch Pferde, also durch Hundertprozent erneuerbare Energien. Deshalb könnten frühe Ökofreaks die Kutsche erfunden haben.
Andererseits ist sie durch zungenbrecherische Alliterationen in aller Munde, etwa dieser: *Der Potsdamer Postkutscher putzt den Potsdamer Postkutschkasten.* Deshalb könnte die Kutsche auch von sprachprotzerischen Postkutschern erfunden worden sein.
Aber die Wahrheit ist älter und liegt südlicher. Schon die Römer kannten vor knapp 2.000 Jahren gefederte Reisewagen. Aber die römischen Kutschenkonstruktionskenntnisse gingen verloren, bis sich um 1470 ungarische Pfiffikusse fanden, die den Wagen revolutionierten. Sie erfanden zunächst erneut die Federung. Lederriemen hielten den Wagenkasten von nun an hängemattengleich in der Schwebe. Außerdem kam eine neu entwickelte Elliptikfeder über den Rädern zum Einsatz. Aber die Räder selbst waren das allerbeste, denn zum ersten Mal überhaupt waren die Vorderräder kleiner als die Hinterräder, was den Wendekreis enorm verkleinerte.
All das wurde in dem westungarischen Dorfe Kocs ersonnen, die Wagen hießen *Kocsi*, also *aus Kocs kommend*. Der sprachliche Weg von Kocsi zur Kutsche war dann kein weiter mehr.

Wer hat den Reisescheck erfunden?

Einst reisten wir phantasiebeflügelt durchs wilde Kurdistan und von dort zur Schatzinsel weiter, gelangten unbehelligt durch den Sherwood Forest und fanden uns endlich an der Seite Ali Babas reitend in den Geschichten aus tausend und einer Nacht wieder. Reisen waren Abenteuer, wer Geld mitnahm, behielt es oft nicht, Räubern sei Dank.

Auch heute gibt es gute Gründe, statt Bargeld Schecks bei sich zu führen, denn die sind für Räuber nutzlos und können gegen Unterschrift des Besitzers im Zielland gegen Note und Münze eingetauscht werden.

Die Idee moderner Reiseschecks hatte James Fargo, Präsident von American Express, Anfang der 1890er Jahre.

Ganz neu war die Idee allerdings nicht. Schon 700 Jahre vorher war ein Ritterorden auf einen ähnlichen Gedanken gekommen, die legendären Templer.

Sie gelten als Pioniere des Bankwesens. Ihre Niederlassungen waren über weite Teile Europas und Kleinasiens verstreut. Wollte ein Pilger aus Paris etwa ins Heilige Land nach Jerusalem ziehen, übergab er sein Reisegeld einem Pariser Tempelritter und bekam dafür einen Scheck, den er beim Jerusalemer Templerkollegen gegen geringe Gebühr in richtiges Geld zurücktauschen konnte.

Es waren also genaugenommen die Tempelritter, die im 12. Jahrhundert den Reisescheck erfanden.

Was steckt hinter dem Victory-Zeichen?

Es wurde von den Engländern ersonnen, und das ist rund 600 Jahre her.

Wir befinden uns im Hundertjährigen Krieg. England kämpft gegen seinen Lieblingsrivalen Frankreich, da kommt es zu der legendären Schlacht von Agincourt am 25. Oktober 1415.

Das englische Heer König Heinrich V. steht vor einer Übermacht des Feindes und gewinnt das Gemetzel ganz überraschend, denn die Franzosen sind in Vorfreude auf den vermeintlichen Sieg schon halb besoffen, und die englischen Langbogenschützen sind sensationell gut.

Sie sollen auch die Urheber des Victory-Zeichens sein: erhobene Hand, Ring- und Zeigefinger gespreizt zum „V" für Victory, also Sieg. Das „V" halten sie den Franzosen stolz entgegen.

Grund: Die Pfeile seines Bogens spannt ein Schütze mit Ring- und Zeigefinger. Beide Finger sind zum Spannen unerlässlich, das wissen selbst die Franzosen, und deshalb drohen sie den Engländern: *Weh euch, geratet ihr in unsere Hände, dann schneiden wir euch die Bogenfinger ab!* Doch dann gewinnen eben die Engländer, und um die schon erledigten und erniedrigten Franzosen weiter zu demütigen, halten ihnen die Schützen die ausgestreckten Bogenfinger vors Gesicht: die Geburt des Victory-Zeichens.

Heute ist es oft positiv konnotiert, im Original war es eher eine Variante des Stinkefingers.

Seit wann gibt es Schlittschuhe?

Fakt ist, dass Skier und Schlittschuhe schon von Uller getragen wurden, dem Gott des Winters und der Jagd in der Nordischen Mythologie. Und wenn schon Uller auf Schlittschuhen lief, dann ist das wahrlich lange her.

Aus Forschersicht gibt es zwei markante Zeiten, die auf Schlittschuh-Gebrauch deuten:

In Frankreich fand man gut einen halben Meter lange Rinderknochen, die als Kufen verwendet worden sein *könnten*. Ihr Alter: 20.000 Jahre.

Ganz *sicher* als Reste historischer Kufenschuhe anzusehen sind eine Reihe von Tierknochen aus Skandinavien, Deutschland, Russland und der Schweiz; sie sind bis zu 5.000 Jahre alt.

In Mitteleuropa wurden vor allem Rinder-, Pferde- und Schweineknochen als Kufen benutzt, in Skandinavien auch die von Rentieren, und in Sibirien schlidderten Menschen auf Walrosszähnen über Eis-Seen und Frost-Flüsse.

Belege aus neuerer Zeit finden sich in Holland. Um das Jahr 1200 flitzten dort Boten über vereiste Kanäle, um adeligen Herrschaften, die an den Kanälen wohnten, wichtige Mitteilungen zu überbringen.

Aber wo wurde das rasant gleitende Fortbewegungsmittel wirklich erfunden? Forscher sagen: Viel spricht für ein Land, in dem es auf die Gesamtfläche hochgerechnet die meisten Seen der Welt gibt: Südfinnland.

Wer hat die Ohrenschützer erfunden?

Den nützlichen Doppelmuff für frostgeplagte Ohren verdanken wir einem pfiffigen Teenager, Chester Greenwood aus Farmington im Staate Maine/USA.
Wir schreiben das Jahr 1873. Chester war damals 15. Er hatte gerade die Schule geschmissen und lebte mit seiner Familie auf einem Bauernhof. Beim winterfreizeitlichen Schlittschuhlaufen auf einem nahegelegenen Teich fror er entsetzlich an den Ohren, denn der um Nase, Mund und Lauschlöffel gewickelte Schal rutschte beständig herunter.
Chester war aber ebenso genervt, wie er pfiffig war.
Zu Hause schnappte sich das plietsche Kerlchen eine Rolle Draht, schnitt und bog daran herum, bis er einen Bügel und zwei ohrgroße Ringe zurechtgebastelt hatte. Dann ging Chester zu seiner Oma und bat sie, Fell über die Drahtringe zu nähen. Kurz darauf waren die ersten Fellüberzieher für frostgebeutelte Hörorgane fertig.
Wenige Jahre später, im März 1877, patentierte Chester seine *Greenwood Champion Ear Protector*. Er produzierte sie auch, und in den folgenden Jahrzehnten sorgte seine Ohrenschützerfabrik für jede Menge Jobs in Farmington und für jede Menge Dollars auf Chesters Konto.
Mit dem Muff für die Ohren und mehr als hundert weiteren Erfindungen verdiente Chester Zeit seines Lebens ein Vermögen.

Wer hat den Blitzableiter erfunden?

Das war ein Herr, der neben seinen Beschäftigungen als Schriftsteller und Staatsmann sehr neugierig war und deshalb einen Drachen steigen ließ. Sein Name: Benjamin Franklin, einer der Gründerväter der Vereinigten Staaten.

Franklin war überzeugt, dass Blitze nicht die Strafe Gottes, sondern lediglich Energie zur Erde schleudern. So ging er eines herrlichen Sommergewittertages 1752 hinaus aufs Feld und ließ einen Blitzfängerdrachen steigen, hinauf in den Himmel und hinein in dunkel dräuende Wolken. Der Drachen hatte eine Metallspitze auf seinem Kopf, und am Ende der langen leitfähigen Drachenschnur hing ebenfalls Metall. Während des Fluges streifte ein Blitz den Drachen, fuhr durch die Schnur, erwärmte sie und ließ das Metallstück am unteren Ende Funken sprühen. Der Energieblitzbeweis war erbracht, der göttliche Strafblitz ins Reich der Mythen verbannt.

Franklin konstruierte daraufhin die ersten Blitzableiter.

In Deutschland wurde später von Theologen ernsthaft diskutiert, ob der Blitzableiter nicht unzulässig in Gottes Handeln als Blitzverursacher eingreife.

Trotz der kirchlichen Bedenken setzte sich die nützliche Erfindung bald durch und landete als Deutschland-Premiere dann ausgerechnet auf dem Dach einer Kirche: 1769 auf St. Jacobi in Hamburg.

Seit wann spielen wir Lotto?

Den Tippertraum vom anstrengungsarmen Reichwerden haben sich die Genuesen ausgedacht.
Dort war das Lottospielen ursprünglich ein politischer Akt. Statt ihre Ratsherren zu wählen, losten sie die Herrschaften aus. Damit stieg zwar das Risiko, dass keine Könner, sondern Knallköpfe gewannen, doch dieser Minimakel wurde in Genua gern in Kauf genommen, wenn dafür nur der Lottospaß blieb, und der funktionierte so: Jedes Jahr schieden fünf Herren aus und fünf neue nahmen ihre Ratstätigkeit auf. Die fünf neuen wurden aus 90 Kandidaten ausgelost, und rund um die Auslosung wurde heftig darauf gewettet, wer die Lotterie gewönne. Ratsherr Benedetto Gentile kam dann auf den glorreichen Gedanken, in diesem 5-aus-90-System die Namen der Kandidaten durch Zahlen zu ersetzen und förderhin ein erkleckliches Sümmchen für die Stadt einzustreichen. Die erste freie Lotterie veranstaltete er 1476 in Genua.
Übrigens gibt es wie bei anderen vergnüglichen Dingen des Lebens auch beim Lottospielen die aktive und die passive Variante: In der aktiven werden die Zahlen angekreuzt, in der passiven bekommt der Losbesitzer eine Nummer zugewiesen.
Ob aktiv oder passiv, der Großgewinner ist in beiden Systemen der Staat, denn bis heute hält meist er das Glücksspielmonopol in Händen und kann auf diese Weise erhebliche Einkünfte erzielen.

Wer besaß den ersten Führerschein der Welt?

Das war ein Mann aus dem Erfinderland des Automobils, seines Zeichens selbst einer der maßgeblichen Autoerfinder. Carl Benz wurde der erste Führerschein der Welt ausgestellt. Am 1. August 1888 erteilte ihm das Großherzoglich Badische Bezirksamt Mannheim folgende Lizenz: *Dem Herrn Benz wird die Genehmigung zu versuchsweisen Fahrten mit dem von ihm hergestellten Patent-Motorwagen unter dem ausdrücklichen Hinweis erteilt, dass er für allen Schaden, der durch den Gebrauch des Motorwagens für andere entsteht, verantwortlich ist.*

Es folgten in den Folgejahren diverse lokale Lenkberechtigungen, Lappen und Fleppen, für die auch oft schon Prüfungen abgelegt werden mussten, bis im Mai 1909 die ersten verbindlichen Führerscheine fürs ganze Deutsche Kaiserreich ausgegeben wurden.

Zu jener Zeit hatten auch andere Länder erste Führerscheinregelungen getroffen.

Liebreizenderweise dürfen Frauen in Deutschland erst seit 1958 selbstständig entscheiden, ob sie einen Führerschein machen möchten. Bis dahin hatte nämlich der Gatte der Gattin darüber zu befinden, ob er seiner Gemahlin zu erlauben gedachte, sich einer Fahrerlaubnisprüfung zu unterziehen.

Übrigens erhielt der erste Führerscheinbesitzer Benz seinen Lappen ganz ohne Theorie- und Praxistest … Naja, er hatte das Auto ja auch gerade erst selbst erfunden.

Wem verdanken wir das Yard?

Das englische Längenmaß ist uralt und aus kontinentaleuropäisch moderner Sicht auch ein bisschen unpraktisch.

Wir sind ja hierzulande an unseren reizenden dezimalsystemierten hundert Zentimeter langen Meter gewöhnt. Da wissen wir, was wir haben und schütteln beim Gedanken an Zoll, Fuß und Yard verständnisarm das Haupt. Dabei ist es ganz einfach: 36 Zoll sind drei Fuß, drei Fuß sind ein Yard, und ein Yard sind 91,44 Zentimeter. Die einzelnen Einheiten sind auch durchaus praxisnah entstanden. So entspricht der Fuß mit seinen gut 30 Zentimetern Länge ungefähr Schuhgröße 48".

Der Rest des Maßsystems ist ebenfalls von Körpergliedern abgeleitet: Der Zoll entspricht exakt einer Daumenbreite, und zwar einer Männerdaumenbreite, denn es war ein Mann, der Zoll und Yard erfand und definierte, vor rund 900 Jahren: Heinrich I.

Dieser jüngste Sohn des legendären Königs Wilhelm der Eroberer war selbst König geworden und verfügte im Jahre 1101 folgendes Längensystem: Ein Zoll habe so lang zu sein wie sein königlicher Daumen breit sei, und ein Yard müsse die exakte Wegstrecke zwischen Seiner Hoheit Daumenkuppe bei ausgestrecktem Arm und königlicher Nasenspitze überbrücken. So sind Zoll und Yard entstanden.

14. Von Gitarrengärten und Schlausängern

Kann man Gitarren im Garten züchten?

Die internationale Gitarrenzucht steckt noch in den Kinderschuhen, aber Experimenteure zeigen sich zuversichtlich, dass vielleicht schon in den kommenden Jahren Kürbiszuchtgitarren reif werden könnten. Viele andere Instrumente wachsen ja bereits im Gemüsebeet, wie Paprikatrompeten und Gurkenflöten.

Instrumente aus Hülsenfrüchten, Kohl und Wurzeln, das ist kein Scherz, sind das Equipment des weltweit einzigartigen Gemüseorchesters aus Wien. Seit 1998 ziehen die Mitglieder des Orchesters durch die Welt und präsentieren auf klingendem Gemüse Musik aus eigener Instrumentenzucht und von Komponisten wie Igor Stravinski. Die Musiker selbst nennen sich *Gemüsiker* und haben es sich zur Aufgabe gemacht, die Gemüsemusik zu erforschen und weiterzuentwickeln. Sie treten in richtigen Konzerten auf und präsentieren den perfekten Mix zwischen künstlerischem und kulinarischem Erlebnis, denn am Ende jedes Auftritts kommt ein Koch auf die Bühne, der brutzelt und bröddelt aus den gemüsigen Bühnenstars, also aus Sellerie, Porree und Paprikaschoten, eine herzhafte Gemüsesuppe, die das Publikum dann verschnabulieren darf. Mahlzeit.

Wer hat die Diskothek erfunden?

Disko ist ein französisches Kunstwort aus griechisch Discos für Scheibe und Theke für Behälter. Ursprünglich war damit die Schallplattenkiste gemeint. Anfang der 1940er Jahre wurde das Wort in Frankreich für Tanzlokale und Nachtklubs übernommen, in denen keine Livegruppen auftraten, sondern ausschließlich Platten aufgelegt wurden.

Ihren weltweiten Siegeszug begannen Diskotheken aber erst in den 60ern und verstärkt ab Mitte der 70er, als mit der Disko-Musik auch neue Klangwelten Fuß fassten, die speziell für die Tanztempel konzipiert worden waren und bei denen Text und Melodie hinter Rhythmus und Tanzbarkeit zurücktraten.

Zu den bekanntesten Diskos der Welt gehörte das New Yorker Studio 54, ein Drogen-, Musik- und Sexpartyladen für die Hemmungslosen und Reichen, der weltweit stilbildend für die Diskoszene wurde, nur dass es in den vielfachen Kopien bedeutend ruhiger zuging.

Rekordhalter heute sind diese Läden:

Die größte Disko der Welt ist das Privilege auf Ibiza, da passen 14.000 Leute rein. Die kleinste Disko steht in London, das Miniscule of Sound. Es ist in der Umkleidekabine eines Schwimmbades untergebracht und übersichtliche 2,9 Quadratmeter groß. Dort passen maximal acht partyhungrige und körperkontaktfreudige Menschen hinein.

Lebt Elvis wirklich noch?

Na klar! Der König des Rock'n Roll ist vor Jahrzehnten nur untergetaucht.

Grund: Er hatte Angst. Der King sollte damals in einem spektakulären Mafiaprozess aussagen, doch zum Gerichtstermin ist er nie erschienen. Er starb vorher, *angeblich,* denn mysteriöse Mysterien ranken sich um Presleys Tod:

Auf der Leiche bildeten sich beispielsweise Schweißtropfen während der Beerdigung. Außerdem war der Sarg viel zu schwer. Wer lag da wirklich drin? Vermutlich eine Wachspuppe und eine mobile Klimaanlage, die dafür sorgte, dass die Puppe in Memphis' Sommerhitze nicht schmolz. Dann, nur einen Tag nach Presleys Hinscheiden löste ein Herr, der ihm zum Verwechseln ähnlich sah, ein Flugticket nach Buenos Aires. Der Name des Mannes: John Burrows. Mysteriös: Das war das Lieblingspseudonym, unter dem sich Elvis in Hotelzimmern einmietete.

Nicht ganz unmöglich, dass der King auch zu medizinischen Tests von Außerirdischen entführt wurde.

Ebenso wahrscheinlich ist aber auch, dass die, die derartige Verschwörungstheorien in die Welt setzen, mindestens genauso zugedröhnt sind wie Elvis es war, als man ihn in seinem Hotelzimmer fand.

Elvis lebt in seiner Musik. Ansonsten ist er tot. Mausetot. Oder etwa doch nicht ...?

Wer ist berühmter: Jesus oder die Beatles?

Die Frage mag kirchenfreundliche Zeitgenossen ärgern, doch ist die Geschichte der Frage und ihrer Antwort eine Story mit Happy End.

Wir schreiben das Jahr 1966. Ein gewisser John Lennon gibt der Zeitung *Evening Standard* ein Interview. Er sagt Sätze wie: *Wir Beatles sind jetzt populärer als Jesus. Ich weiß nicht, was als erstes aussterben wird: Rock'nRoll oder das Christentum.* Was folgt, ist ein Entrüstungssturm, vor allem in den USA, wo noch Monate später Beatles-Platten wie auf Scheiterhaufen brennen. Der Vatikan gibt sich ebenfalls verschnupft, hat sich aber mittlerweile mit dem damals ja auch dauerbesoffenen Beatles-Großmaul Lennon ausgesöhnt:

Anno 2008, genau 40 Jahre nach Erscheinen des legendären Weißen Albums, schrieb die Vatikan-Zeitung *L'Osservatore Romano*: Lennons Aussagen seien wohl dem Übermut eines Jugendlichen aus der Arbeiterklasse zuzurechnen, der vom eigenen Erfolg offensichtlich sehr überwältigt war. Und die Vatikanzeitung setzt noch einen drauf und rühmt die Beatlesmusik. Sie habe ganze Musikergenerationen inspiriert, außerdem sei heutige Popmusik oft viel schlechter.

Der Vatikan hat Lennon also vergeben – und einstige Feindbilder schmelzen dahin.

Können wir Gläser zersingen?

Die Stimmen manch menschlicher Mitgeschöpfe sind als durchaus schrill einzustufen. Von Wohlklang keine Spur, einer Feuerwehrsirene ähnlich und deshalb in Gesellschaft von Hunden nicht auszuhalten, weil die sensiblen Tiere sofort zu jaulen beginnen. Solchen Stimmen trauen wir auch das Zerkreischen unschuldiger Gläser zu.
Doch können Menschen-Laute Glas zum Bersten bringen?
Im Prinzip Ja, wenn sie es schaffen, eine respektable Resonanzkatastrophe herbeizuführen.
Jedes Objekt schwingt ja mit einer bestimmten Eigenfrequenz. Wird dieses Objekt von fremden Schwingungen getroffen, deren Frequenz mit der Eigenfrequenz des so beschwingten Objektes übereinstimmt, dann verstärken sich die Eigenschwingungen derart heftig, dass das Objekt brechen, bersten, platzen kann.
Das ist schon mehrfach auf Brücken passiert. So marschierten 1831 Soldaten über die Hängebrücke von Broughton. Die Brücke schwang und stürzte ein. Deshalb dürfen Soldaten heute nicht mehr im Gleichschritt über Brücken marschieren.
Ganz ähnlich können Stimmen eben auch Gläser zersingen, wenn sie die Eigenfrequenz treffen und so lange halten können, bis sich das Glas in selbstmörderischer Absicht in Zerberststimmung hineingeschwungen hat.
Wissenschaftliche Glas-Zersing-Versuche sind allerdings bis heute immer gescheitert.

Wie lang ist das längste Musikstück der Welt?

Zunächst sei gesagt: Es wird noch gespielt, in Halberstadt auf einer Kirchenorgel.
Komponiert wurde es von John Cage, der gern durch Kompositionen auffällig geworden ist, die das Prädikat *Absonderlich* verdienen. Cage als Urheber des Musikmarathons hat das Stück *Organ2/ASLAP* genannt, letzteres ist die Abkürzung für *as slow as possible, so langsam wie möglich*.
Wirklich kein Mensch wird je von sich behaupten können, Anfang und Ende des Stücks gehört zu haben, denn ASLAP soll 639 Jahre dauern!
Start der Halberstädter Aufführung war im September 2001, doch da das Stück gleich mit einer anderthalbjährigen Pause begann, war der erste Ton erst am 5. Februar 2003 zu hören.
Tja, und seitdem tönt das Stück so vor sich hin. Die absoluten Hammer-Höhepunkte sind dabei die Tonwechsel. Alle paar Jahre kommt nämlich ein neuer Ton hinzu, der klingt dann viele Monate so vor sich hin und wartet darauf, von einem neuen Ton Gesellschaft zu bekommen.
Zu den Tonwechseln finden sich immer zahlreiche Kunstliebhaber in der Kirche ein. Die Aufführung soll am 4. September 2640 enden.
Da die Kirche unterdessen auch anderweitig genutzt wird, ist die Orgel, wenn gerade kein Tonwechsel dargeboten wird, durch Acrylglas abgedeckt, um die Geräuschausdünstungen so gering wie möglich zu halten.

Wie ist es zum Leipziger Beataufstand gekommen?

Die Beatles sorgten in den 60ern für weltweite Beatle-Mania, auch in der DDR. Viele Kids gründeten eigene Bands, die damals noch *Gitarrengruppen* hießen. Das SED-Regime unterstützte die Musik zunächst, bis die Gruppen zu viele Anhänger fanden und Honecker kam. Der Mann war im Politbüro seinerzeit für Sicherheitsfragen zuständig und erstellte eine Anweisung, *die erforderlichen Maßnahmen einzuleiten, dass die Mitglieder solcher Gruppen, Gammler und ähnliche in Arbeitslager eingewiesen werden.*

Folge: Die Beatmusik wurde verboten. Damit standen 54 von 58 registrierten Bands allein in Leipzig auf dem Index. Doch die Kids wollten sich das nicht gefallen lassen, druckten Flugblätter, organisierten eine Demo, und am 31. Oktober 1965 kamen zweieinhalbtausend Menschen nach Leipzig.

Die Polizei prügelte den Beataufstand mit Gummiknüppeln nieder, setzte Hunde und Wasserwerfer ein. Knapp hundert Demonstranten wurden ohne Gerichtsurteil für sechs Wochen ins Arbeitslager in einen Braunkohletagebau gesteckt. Der Beataufstand war nach der Arbeiterrevolte 1953 und vor den 1989er-Demos die größte Protestkundgebung dieser Art in der DDR.

Das Regime führte nach den Ereignissen umgehend den Straftatbestand des *Rowdytums* ein.

Wer hat das Plattencover erfunden?

Die bunten, bedruckten Schallplattenverpackungshüllen stammen aus Amerika. Alex Steinweiss, Sohn polnischer Einwanderer, hat sie erfunden, und das kam so:
Alex ist 23 Jahre alt, Grafikdesigner bei Columbia Records und ärgert sich über schmucklos-nichtbedruckte Einheitspapierplattentaschen. Der geneigte Käufer muss sein Gesicht extrem dicht an das Objekt seiner Begierde heranrücken, damit er auf dem Plattenetikett erkennt, um welche Aufnahme es sich handeln könnte.
Alex also sitzt grübelnd in seinem Büro und hat den Einfall seines Lebens. Er will den Platten Gesichter geben, sie unverwechselbar machen. Sein erstes Werk ist eine Aufnahme mit Songs des Broadway-Musical-Teams Rodgers und Hart. Dazu fotografiert Steinweiss die Leuchtreklame des New Yorker Imperial Theaters mit dem Schriftzug der Künstler und fügt als Hintergrund eine stilisierte Schellackplatte in das Foto ein – fertig ist das erste Plattencover der Welt: 1940.
Steinweiss gestaltet mehr als tausend Cover selbst; unter anderem für eine Beethovensonate ein regenbogenartiges Farbprisma-Motiv, das später von Pink Floyd auf *Dark Side of the Moon* verfremdet wiederverwendet wird.
Die Covergestaltung entwickelt sich zu einer regelrechten Kunst. Unvergessen: *Sgt. Pepper* von den Beatles, und *Sticky Fingers* von den Stones, das kein geringerer als Andy Warhol zu verantworten hat.

Welcher Musikant darf sein Instrument nicht berühren?

Einer bläst, der andre zupft, ein dritter hämmert auf die Tasten, doch immer, scheint es, muss der Musikus sein Musikproduktionsgerät anfassen.

Jedoch beim *Theremin* ist alles anders, dem darf der Spieler zwar nahekommen, aber nicht zu nahe. Anfassen ist verboten.

Das Theremin wurde 1919 von dem Petersburger Tüftler und Physikprofessor Lew Thermen ersonnen. Das Theremin gilt als das erste elektronische Instrument der Welt und als Wegbereiter für den Synthesizer.

Im Deutschen wird es meist Ätherophon oder Ätherwellengeige genannt. Es eignet sich perfekt für Gruseleffekte und Geisterklänge. Viele Science-Fiction-Filme arbeiten mit diesem Sound und auch einige Krimis, am deutlichsten die englische Reihe *Inspector Barneby*.

Der leicht ätherisch heulend-singend-sägende Klang wird von einem flachen Kasten erzeugt, der mit Hochfrequenz-Oszillatoren bestückt ist. Hier werden elektronische Signale über Antennen und Verstärker in mehr oder weniger wohlklingende Töne verwandelt.

Der Theremin-Spieler muss seine Hände lediglich in die Nähe der Antennen bringen. Der Abstand der Hand zur Antenne bestimmt Tonhöhe und Lautstärke.

Nach demselben Prinzip wie die Ätherwellengeige funktionieren übrigens Metalldetektoren und Mienensuchgeräte.

Macht Singen schlau?

Stellen wir uns fröhlich trällernde Menschen vor, die völlig talentbefreit die Welt mit ihren Stimmen malträtieren, zum Beispiel öffentlich in Castingshows, und die in lustigen Fremdschäm-Interviews nach erfolgreich musikalischer Qualitätsentfernung auch die Sprache von jeglicher Grammatik reinigen. In solchen Momenten ist kaum zu glauben, dass Singen und Schlausein näher miteinander zu tun hätten.

Doch der Schein trügt. Forscher fanden in einer Kindergartenkinder-Studie heraus, dass Singekinder deutlich plietscher als ihre gesangslosen Kameraden sind. Von 500 Kindern eines Jahrganges waren fast 90 Prozent derjenigen Lütten schulfähig, die regelmäßig sangen. Von den Nichtsängern waren es nicht einmal die Hälfte.

Außerdem benötigen Singekids kaum zusätzliche Sprachförderung. Gründe des sich Schlau- und auch Gesundträllerns: Singen fördert durch beständiges Training die Sprachentwicklung, und weil eine gewisse Körperspannung und -haltung vonnöten ist, damit nicht zu viele schiefe Töne produziert werden, profitiert der gesamte Bewegungsapparat von der Herumsingerei.

Singen macht also schlau und gesund, und es werden dabei auch noch Botenstoffe ausgeschüttet, die für ein ausgeglichenes, glückliches und friedfertiges Wesen sorgen. Ob die Skandalmusiker dieser Welt diese hochinteressanten Untersuchungen kennen? Vermutlich nicht …

15.
Von
Schamkapseln
und
Nebelspaltern

Was ist eine Schamkapsel?

Sie ziert Ritterrüstungen und findet sich an Prunkgewändern; sie war dem Manne, was der Frau der Büstenhalter ist: Schutzschirm für einige der wertvollsten Körperteile. Die Schamkapsel entwickelte sich im 15. Jahrhundert, als lange Mäntel zu kurzen Jacken schrumpften und Unterhosen mit Strümpfen zu Strumpfhosen verschmolzen. Da musste auch die Körpermitte neu gestaltet werden, denn was zuvor gnädig langbemäntelt war, lag plötzlich bloß und frei: der Hosenlatz. Die schmucklos beknopfte Stoff-Klappe, die geöffnet vielfältige Bedürfnisse befriedigen half, machte geschlossen kaum etwas her, es sei denn, ein gutgebauter Klappeninhalt sorgte für naturgegebene Aufmerksamkeit, aber das war schon damals eher selten der Fall. Also halfen Modeschöpfer nach und ersannen gepolsterte, auffällige, durchgestylte, schleifenverzierte Hosenlatzgebilde, welche die enorme Potenz des Gebildeträgers aufs anschaulichste unterstrich.
Besonders männlich nahmen sich die Kapseln oder Gliedschirme der Ritterrüstungen aus. Die liebevoll ausgebeulten, sexy Metallscheiben waren abnehmbar, für den Fall, dass sie störten, etwa beim Reiten.
Die Kirche lief Sturm gegen die schamlose Schamkapsel, und im 16. Jahrhundert verschwand sie wieder.
Von da an durften nur noch Frauen aufreizend auspolsternd zeigen, was sie hatten oder gerne hätten. Wie schade.

Wer hat den Bikini erfunden?

Das zweiteilige Kleidungsstück, eher Ent- als Bekleidungswerk, das mehr enthüllt als verbirgt, diesen stofflichen Hauch aus Nichts und Nähten, aus Farbe und Fieber im Auge des Betrachters, verdanken wir Louis Réard.

Der Franzose war Automechaniker und Modedesigner. Im Juli 1946 versuchte er auf einer Pariser Modenschau, sein neues Kleiderwerk zu präsentieren, aber die Modelle weigerten sich, den Bikini zu tragen. Erst eine Stripteasetänzerin konnte überzeugt werden, sich so zu zeigen.

Réard soll während der Präsentation gesagt haben: *Der Bikini ist so klein, dass er alles über die Trägerin enthüllt bis auf den Geburtsnamen ihrer Mutter!*

Folgerichtig löste der Bikini eine Skandalwelle aus. Es wurde dem Badeutensil fast überall auf der Welt verboten, baden zu gehen. Sein Siegeszug begann erst, als sich ab 1953 Marilyn Monroe und Brigitte Bardot öffentlich bikiniert präsentierten.

Seinen Namen erhielt der Bikini vom pazifischen Bikini-Atoll, auf dem die Amerikaner in jenen Jahren Atombomben testeten. Réard war davon beeindruckt und bewarb den Bikini leicht geschmacksverwirrt als erste anatomische Bombe.

In Wahrheit war der Bikini nur eine modische Wiederentdeckung, denn bikiniähnliche Kleidung finden wir schon auf antiken sizilianischen Mosaiken aus der Zeit vor knapp zweieinhalbtausend Jahren.

Was verstehen wir unter einem Teufelsfenster?

Das ist eine hübsche Erfindung des schönen schwachen Geschlechts, dem es in findig-pfiffiger Form gelang, die eigenen Formen züchtig und frivol zugleich zu präsentieren.
Das Teufelsfenster gewährt dabei einen diabolischen Ausblick auf gewisse Körperpartien, die aus Anstands- oder Prüderiegründen eigentlich verborgen bleiben sollen. Eine partielle Nichtverbergung derselben sorgt aber teuflisch weiblich dafür, dass das ja auch irgendwie ganz schöne starke Geschlecht ganz schwach wird.
Das Teufelsfenster kam im 14. Jahrhundert in der Mode in Mode. Damals trug man weiblicherseits hautenge, körperkurvenbetonende Unterkleider, die natürlich durch ziemlich züchtige Wallegewänder mit ausladendem Rockwerk überplünnt wurden.
Jedoch: Die bodenlangen, aber ärmellosen Obergewänder wurden in der Region der Oberweite und der Taille immer luftiger, stoffärmer und ausgeschnittener, so dass, wer eine solche Dame von der Seite betrachtete, mehr Unter- als Oberkleid zu sehen bekam.
Genau dieser schwachmachende Ausblick auf die wahre Form des Damenkörpers wurde von maulig-miesepetrigen Muffelmenschen Teufels- oder Höllenfenster genannt.

Warum tragen Indianer Federn auf dem Kopf?

Wir stellen uns den Wilden Westen mit Naturburschen vor, deren Wesen ebenso mutig ist wie die Namen, die sie tragen, und die, wenn's schlecht läuft, irgendwo zwischen listiger Lurch und zeternde Ziege, schnatternder Schwarzbär und schielende Schlange angesiedelt sind.
So, wie die Namen etwas über das Wesen des Namensträgers verplaudern, zeigen auch die Federn, wie kampferprobt die Federträger sind. Es sind Orden und Rangabzeichen, die von tollen Taten sprechen. Meist sind es Adlerfedern, weil der Aar als ganz besonders mutig und mächtig gilt.
Pro Heldentat gibt es eine neue Feder ins Haar. Irgendwann wird die Heldenfedersammlung sehr umfangreich, und aus den Einzelexemplaren wird eine auch modisch interessante Federhaube geschneidert, die sogenannte *war-bonnet*, die Kriegshaube.
Der Krieger sortiert auf ihr die Federn ganz penibel; sie werden bezackt, beschnitten und bekerbt und manche mit roter Farbe punktiert. Je nachdem, wie sie präpariert sind, zeugen sie von unterschiedlichen Taten. Der Betrachter weiß dann sehr genau, ob der Federträger seine Feinde erschossen, entkopft oder nur skalpiert hat.
Übrigens tragen längst nicht alle Stämme die opulente Federpracht spazieren, traditionell sind es nur die Prärieindianer, die Stämme der Großen Ebenen.

Werden Lippenstifte aus Läusen hergestellt?

Die Beteiligung gut färbender Läusebestandteile wird immer wieder kolportiert. Doch zur Lippenstiftbenutzer-Beruhigung dürfen wir sagen: Nein, wer mit der Zunge über das stiftrot bemalte Doppelorgan am Mundende fährt, leckt kein Läuseblut, sondern meist eine Mischung aus Körpersäften und Chemie.

Früher wurden Lippenstifte aber sehr wohl unter tatkräftiger Läusehilfe produziert. Heute belecken wir den Läusesaft nicht mehr. Wir essen und trinken ihn nur noch.

Hinter all dem Gelause stecken Kermes-Schildläuse. Sie liefern uns eine Farbe, die wir Karmesin- oder Scharlachrot nennen. Seit Jahrhunderten werden die Läuse von Bäumen und Sträuchern abgesammelt, getrocknet und ausgekocht. Heraus kommt extrem hochwertige, karminrote Farbe. Ein Kilogramm Läuse ergeben 50 Gramm Karmin. Damit wurden früher Stoffe gefärbt und Schminken hergestellt.

Wer Campari mag und noch ne olle Buddel hat, die vor 2006 abgefüllt wurde, darf sein Glas beim nächsten Schlabberschlürfen auch gern betreten betrachten, im Wissen darum, woher die schöne rote Farbe kommt – richtig, von der Laus.

Heute finden wir die Läuse-Farbe noch in einigen Käsesorten und kandierten Früchten. Auch in Pasteten, Wurst und Torten kann uns das Läuserot begegnen. Es taucht dort als Lebensmittelfarbstoff E 120 auf.

Warum tragen Piraten Augenklappen?

Der echte Pirat ist nur echt in lotterlumpiger Klamottenkluft, mit Holzbein und Totenkopfflagge, geschultertem Plapperpöbel-Plagepapagei und der unvermeidlichen Augenklappe in der einzig ewig angesagten Trendfarbe Schwarz.

Allen voran der Kaperkapitän und seine Schiffsführergehilfen tragen das putzig-martialische Gesichtskleidungsstück spazieren. Tatsächlich war die Augenklappe aber nicht Freibeutern allein vorbehalten. Sie gehörte zum Equipment aller Schiffsbesatzungen.

Zum einen deckte sie jenes Auge ab, dessen Inhalt im Kampf verloren gegangen war. Hauptsächlich aber hing sie mit der Schiffsnavigation zusammen. Zur Positionsbestimmung war seit dem 15. Jahrhundert das Ermitteln vor allem der richtigen Breitengrade auf See mit dem Jakobsstab, dem Vorläufer des Sextanten, üblich. Das war ein astronomisches Instrument, das äußerlich einer Armbrust nicht unähnlich war.

Bei Tag aber war der einzige Stern, den Seefahrer auf offenem, landlosem Meere anpeilen und in den sie eben auch hineinsehen mussten, die Sonne. Dadurch wurde die Netzhaut geschädigt, und viele Navigationspiraten erblindeten auf einem Auge oder konnten auf ihrem Peilauge nur noch ganz schlecht sehen. Und weil ungleichmäßige Sehstärke Kopfschmerzen verursacht, trugen sie auf dem kaputten Auge die Augenklappe.

Seit wann gibt es Schuhe?

Die durchaus naheliegende Vermutung lautet: Schuhe gibt es, seit es Füße gibt. Doch das ist durchaus falsch. Die ältesten schuhähnlichen Archäologenfunde sind etwa 40.000 Jahre alt und stammen aus China. In Europa scheinen sich des Schuhes Vorzüge erst vor knapp 30.000 Jahren durchgesetzt zu haben. Vorher ging man barfuss oder umwickelte die unteren Körperenden gelegentlich mit Fell.
Zu Zeiten der Alten Griechen und Ägypter waren Sandalen, Schuhe und Stiefel, die drei bis heute gebräuchlichen Fuß-Grundbekleidungsarten, dann allgemein üblich geworden.
Doch dann folgten Jahrtausende irrungs- und wirrungsreicher Schuhmode-Experimente, die ihren Höhepunkt im 17. Jahrhundert fanden, als man das Wissen um die Vorzüge rechter und linker Schuhe schlichtweg vergaß. Es gab nur noch Einheitstreter. Dass Füße spiegelbildlich geformt sind, wurde ignoriert.
Ende des 18. Jahrhunderts führte ein Arzt dann manch Fußverkrüppelungserscheinung auf fehlende Links-Rechts-Schuh-Unterschiede zurück. Doch erst Mitte des 19. Jahrhunderts besannen sich Schuhmacher auf die verloren gegangene Kunst, rechte und linke Schuhe der Fußform entsprechend anzufertigen. Erst seitdem müssen wir wieder darauf achten, nach welcher Seite das Fußtretwerk gearbeitet ist.

Was ist ein Soldatenzopf?

Wie der Name sagt, ist es ganz überraschenderweise der Zopf eines Soldaten. Dieser Zopf war eines der wichtigsten Merkmale militärischer Tracht bis ins 19. Jahrhundert hinein.

Wurde später bestraft, wer zu lange Haare hatte, ward hier gemaßregelt, wer den Kopfputz zu kurz mit sich herumtrug. Die Soldaten der Heere Europas ließen ihre Mähnen wild im Winde flattern, so lang es eben ging, und das natürlich offen.

Im 17. Jahrhundert bemerkten pfiffige Militärstrategen jedoch, wie überaus lästig lange, offene Haare sein können, wenn sie sich beim Kampf mit dem Feind im Langhaar-Schopf des Gegners verfangen oder mit der Mähne des eigenen Pferdes verknoten. Da aber das Haar aus Modegründen nicht abgeschnitten werden durfte, musste es fortan im geflochtenen Zustand sein Dasein fristen. Um 1720 wurde deshalb der Soldatenzopf geboren, und Preußen war mit seinen Zopf-Vorschriften besonders eigen: Je nach Regiment hatte das Haar in standorttypischen Locken gerollt, gedreht und weiß gepudert zu sein. Der Zopf dazu maß preußisch exakte 56 Zentimeter.

Nach der französischen Revolution kam der Soldatenzopf schnell aus der Mode. Wer ihn trotzdem trug, galt jetzt als ultrakonservativ. Moderne Männer präsentierten sich zopffrei. Aus jener Zeit stammt die Redewendung, jemand wolle alte Zöpfe abschneiden, wenn er ausdrücken möchte, dass er neue Wege gehen will.

Weshalb knöpfen Männer anders als Frauen?

Zum Knopfe drängt, am Knopfe hängt doch alles, und an der Knöpfigkeit erkennen wir, ob's Frauenhemd, ob's Männermantel sei!

Der Mann knöpft sich den Schritt von links auf rechts auf oder zu, die Frau das Dekolleté von rechts auf links. Über den Grund geschlechtsspezifischer Knöpfigkeit streiten Gelehrte.

Fakt ist: die Alten Griechen, die fast alles kannten, kannten unsere Knöpfe nicht, nur Zier-Knöpfe ohne Knopfloch, zum Knöpfen gänzlich ungeeignet.

Der Knöpfknopf wurde erst im 13. Jahrhundert erfunden und blieb bis ins 18. Jahrhundert ein Utensil der Männermode, derweil sich Frauen mit Ösen und Haken quälen durften. Erst Ende des 18. Jahrhunderts setzte sich der männliche Knopf auch bei Frauenkleidern durch und wurde flugs verweiberisiert, denn seit 1860 finden sich Frauenknöpfe vorzugsweise links.

Möglicher Grund: Der Mann zieht sich lieber selbst an, die Frau läßt sich lieber ausziehen. Der betuchte Mann besaß zwar Kammerdiener, doch ließ er sich die Sachen nur zurechtlegen, das Anziehen übernahm er selbst, und weil Rechtshänder die Norm sind, befindet sich der Knopf rechtshandpraktisch auf der rechten Seite. Die Frau dagegen ließ sich von ihren Zofen auspünnen, drum sitzt der Knopf seitenverkehrt links.

Der Mann trägt also Selbstbedienungssachen, die Frau dagegen Fremdbedienungsklamotten.

Was ist ein Nebelspalter?

Er klingt wie ein nützliches Klarsichtgerät. Tatsächlich ist er ein unnützer Kopfputz, der meist nicht einmal den Kopf beputzte, sondern den Arm beschwerte, weil er fürs putzen ungeeignet schien.
Der Nebelspalter ist ein Hut, der berühmte Dreispitz, wie ihn Preußenkönig Friedrich II. gern auf Gemälden trägt. Ein Hut, dessen Krempe auf drei Seiten hochgerollt wird und der deshalb drei Spitzen, drei Ecken bekommt und zu jenem Kinderreimlied inspirierte, das als Endloskanonschleifengesinge nach spätestens zehn Sekunden zu nerven anfängt: *Mein Hut, der hat drei Ecken, drei Ecken hat mein Huuut … der hat …* vor allem eine Ecke vorne, parallel zur Nase, und deshalb ward er Nebelspalter genannt, weil er dem Kopf voran die Luft zerteilt.
Erfunden wurde der Spalter im 17. Jahrhundert und flugs mit allerlei Schleifchen und Bändchen verziert, die ihn heute noch zum idealen Gardetanz-Karnevals-Begleiter machen.
Das Original wurde von Adel und Armee getragen, meist allerdings nicht auf dem Kopf, sondern unter dem Arm. Grund: Die Männermode machte ihn auf dem Haupte untragbar, denn er brachte die seinerzeit beliebten und bezopft-toupierten Perücken durcheinander.
Der perückierte Herr klemmte sich den Nebelspalter also lediglich unter den Arm und marschierte mit dem sinnlosen Kleidermöbel munter durchs Leben.

16. Von Kuschelhormonen und Muntehen

Existiert wirklich ein Kuschelhormon?

Aber ja! Es ist ein Botenstoff aus dem Gehirn, der einen Mann zur Frau machen kann. Gott sei Dank nicht körperlich, aber geistig, und das ist schon bedenkenswert genug.

Das Kuschelhormon heißt *Oxytocin* und wird auch als Treue-Hormon bezeichnet. Das wiederum zeigt deutlich, wohin die Reise mit diesem Stoff geht! Oxytocin ist ein Garant für kuschel-schönes Liebesleben mit *einem* Partner.

Forscher haben das bei Wühlmäusen getestet. Spritzten sie den Nagern eine erkleckliche Menge der Substanz, blieben sie ihrem aktuellen Paarungspartner treu. Blockierten sie das Hormon, verlustierten sich die Mäuse munter quer durch das vorhandene vermehrungsfreudige Mauskollegenangebot.

Menschenmännern wurde das Zeugs versuchsweise in die Nase gesprüht. Ergebnis: Oxytocin sorgte für stressfreies, gefühlsduseliges Verhalten selbst härterer Herren. Sie waren für jegliche Art rührseliger Bilder genauso empfänglich wie sonst eher Frauen:

Kinder mit Katzen auf den Knien, Tränentypen, Sonnenuntergänge, lauter so'n Zeug aus der Abteilung Kitschgefühl.

Aber Oxytocin kann noch mehr. Männer werden durch das Hormon vertrauensseliger und zärtlicher, einfühlsamer und sensibler. Es verwandelt Männer in echte Frauenversteher. Wem's gefällt …

Wer hat den Brautstrauß erfunden?

Das hochaufwendige Blumenblüten-Arrangement, das heutzutage rein dekorativen Charakter hat und unbedingt zu Schleier, Kleid und sonstigem Brautzubehör passen muss, hat eine Jahrhunderte lange Tradition.
Blumen zur Hochzeit gibt es schon seit dem Altertum. Ursprünglich waren in die Sträuße Dämonen abwehrende Gewächse und wohlriechende Kräuter mit hineingebunden. Gerade die Kräuter wurden während der Renaissance wichtig, jener Zeit, die so unglaublich gut aussah und nicht weniger unglaublich fies stank, denn Hygiene war ein Fremdwort, regelmäßiges Waschen nichts, womit man sich ernstlich zu beschäftigen wünschte.
Wenn die Braut mit ihrem Bräutigam seinerzeit zur Kirche schritt, war der nächste Ohnmachtsanfall programmiert, denn dicke Körperdunstluft mischte sich in den Heiligen Hallen auf für den Kreislauf verheerende Weise mit voluminösen Weihrauchwolken – in diesem Mief konnte nur ein gegen eigene und fremde Dünste abgehärteter Mann einigermaßen bestehen und bei Besinnung bleiben – seine ebenso müffelnde Braut hingegen drohte vollgemieft niederzusinken.
Hier leistete der Brautstrauß unschätzbare Dienste, als reiner Duft- und Schnüffelstrauß, um Ohnmachtsanfälle abzuwenden.

Was ist ein Cicisbeo?

Das ist, vereinfacht ausgedrückt, der vom Gatten geduldete Liebhaber der Gattin.
Der Cicisbeo war bei Hofe total angesagt im Europa des 18. Jahrhunderts. War der Gemahl einer Hofdame längere Zeit verreist, kam der Cicisbeo zum Einsatz. Er sollte die herrenlose Dame bei öffentlichen Gelegenheiten begleiten und bei nichtöffentlichen Gelegenheiten … anderweitig unterhalten.
Der Cicisbeo war meist jünger als die Dame, kam aus gutem Hause und durfte nicht anderweitig liiert sein, denn ein Cicisbeo, der selbst verheiratet gewesen wäre, hätte ja als Gespiele seiner herrenlosen Herrin nicht mehr allzeit bereit stehen können. Es gab sogar Verträge, in denen die Aufgaben des Damenunterhalters festgelegt waren, und dazu gehörte die erotische Unterhaltung nicht, doch wenn der Gatte verreist war und ein junger, gutaussehender, knackiger, charmanter Aufpasser die alleingebliebene Gattin bespaßte, achteten die beiden sicher nur theoretisch auf Sitte und Anstand; frivole Eskapaden waren jedenfalls ganz einfach zu bewerkstelligen.
Der Cicisbeismus ist übrigens eine Spezialform der Polyandrie, der Vielmännerei. Diese bei uns wenig bekannte Paarungsvariante wird vor allem in Indien und Afrika zelebriert, wo die Emanzipation des Mannes offenbar noch nicht so weit vorangeschritten ist wie bei uns.

Macht Liebe wirklich blind?

O ja! Verliebte sind wie Zombies, die ferngesteuert nur noch dem Geliebten folgen. Sie sind wie Bluthunde, die auf einer einmal gewitterten Liebesspur völlig dumpf und auch, das muss man sagen, etwas blöde dahinjagen.
Die Navigationsangaben rechts und links sind abgeschaltet, es gilt nur noch das Geradeaus, hinein in die Arme des Liebesobjektes.
Studien belegen: Wer wirklich richtig krass verliebt ist, hat die berühmte rosarote Brille nicht nur aufgesetzt, er ist mit ihr verwachsen.
À propos verwachsen: Das Liebesobjekt ist immer unglaublich schön! Es kann in Wahrheit wie Quasimodo aussehen, es kann bucklig sein und aus drei Augen in vier Richtungen zugleich schielen, das Gesicht kann wirken wie der misslungene Versuch, einen Vanillepudding an die Wand zu nageln, egal! Dem Verliebten fällt all das nicht auf, für ihn ist das Liebesobjekt nachgerade makellos. Fehler werden ausgeblendet, genauso wie Charme und Schönheit anderer.
Der Verliebte im akuten Stadium lässt sich selbst attraktivste Fremdgeh-Möglichkeiten entgehen, auch wenn der Fremde perfekt ins Beuteschema passt.
Warum? Forscher vermuten, dass die romantischen Gefühle der Liebesblindheit evolutionäre Vorteile bringen. Sie stärken die Bindung an einen einzigen Partner.

Können Männer mit Frauen diskutieren?

Blöde Frage, blubbert der Berufsmacho beleidigt, denn jeder wisse: Frauen diskutieren emotional und Männer sachorientiert. Wie soll da etwas Vernünftiges herauskommen?

Nun, amerikanische Forscher fanden heraus:

Reine Männer-Mannschaften lösen Probleme deutlich langsamer als Teams, die einigermaßen ausgewogen aus Männern und Frauen bestehen.

Grund: Frauen verfügen oft über mehr soziale Kompetenz als Männer, sind einfühlsamer und können sich dadurch besser auf ihr Gegenüber einstellen.

Folge: Es wird weniger Zeit durch Hahnenkämpfe vergeudet als in reinen Männerrunden. Durch die emotionale Intelligenz der Frauen steigt die kollektive Intelligenz der ganzen Gruppe, und es gibt tatsächlich bessere und schnellere Lösungen auf der Sachebene.

Die besten Ergebnisse liefern dabei die Gruppen, in denen alle Mitglieder gleich häufig das Wort erheben dürfen. Am schlechtesten schneiden jene ab, die von wenigen Selbstdarstellern dominiert werden.

Fazit der Forscher: Wer seine Firma ruinieren will, setzt am besten auf männliche Gruppen sich selbst blockierender egomanischer Alphatierchen. Wer dagegen vorankommen will, holt sich Frauen dazu, es sei denn, es gibt ein paar Männer im Team, die über ganz viel Einfühlungsvermögen verfügen, dann geht's zur Not auch ohne Frauen. Aber nur dann.

Was verstehen wir unter Kranzgeld?

Diese skurrile Strafe stand früher oft am Ende folgender Ereigniskette: verlieben, verloben, verklagen.
Hatte ein liebeslustiger Herr eine heirats- und damit beischlafwillige Dame gefunden und sich mit ihr nicht nur verlobt, sondern die Freuden ehevorbereitender Schäferstunden auch erlebt und vollzogen, musste er die Dame tatsächlich ehelichen, sonst drohte finanzielles Ungemach. Eine Frau konnte nämlich Entschädigung für die sogenannte *Beiwohnung* fordern, vorausgesetzt, sie war vor besagter und dann beklagter Beiwohnung noch Jungfrau.
Versprach ein Mann einer unbescholtenen Frau also die Ehe, und verlor sie wegen dieses Versprechens ihre Unschuld, ohne dass das Versprechen danach eingelöst wurde, war das Kranzgeld fällig.
Juristische Begründung: Auf dem Heiratsmarkt standen die Chancen einer Nichtjungfrau vergleichsweise schlecht. Die Männer jener Jahre begehrten vorzugsweise Neuware.
Das Kranzgeld selbst hat seinen Namen dem Strohkranz zu verdanken, den bei der Hochzeit nach uralter Sitte jene Braut zu tragen hatte, die nicht mehr ganz frisch war, die Strohjungfer also. Hingegen durfte sich die holde Jungfrau mit einem Myrtenkranz schmücken.
Das Kranzgeldgesetz wurde in Gesamtdeutschland im Mai 1998 (!) abgeschafft. In der DDR war es schon 1957 gestrichen worden.

Warum gilt Gretna Green als Heiratsdorado?

Das schottische Dorf an der Grenze zu England war Jahrhunderte lang berühmt und berüchtigt für seine trauungswütigen Amboss-Priester, und das kam so:
Anno 1753 wurde in England ein Heiratsgesetz erlassen, das besagte, die Ehe dürfe ohne elterliche Zustimmung nur noch eingehen, wer mindestens 21 Jahre alt sei.
Das war ein Schlag ins Gesicht jedes Jungspundes, der sich dachte: *Mensch, mit über zwanzig ist mein Leben halb vorbei, da trete ich bereits ins Greisenalter ein!*
Doch das Gesetz galt nur in England. Auf der Postkutschenstrecke von London nach Edingburgh aber lag Gretna Green, das erste Dorf hinter der schottischen Grenze. Genau dorthin flohen flugs familienplanerisch veranlagte Kids und ließen sich vom Friedensrichter des Ortes trauen. Der war zugleich der Schmied und verheiratete die jungen Paare neben dem Amboss in seiner Schmiede, drum wurden er und seine Nachfolger Amboss-Priester genannt.
Getraut werden durften Mädchen schon ab 12 und Jungs ab 14, ohne elterliche Zustimmung. 1929 wurde das Heiratsmindestalter für beide Geschlechter auf einheitliche 16 Lenze heraufgesetzt.
Heute werden fünftausend Ehen pro Jahr in Gretna Green unter dem Zeichen des Amboss' geschlossen. Das Dorf ist damit eine der beliebtesten Heiratsadressen der Welt.

Wer hat Haare auf den Zähnen?

Biestig-borstig-böse Berserkerinnen haben immer Haare auf den Zähnen! Das durchaus nicht positiv konnotierte Weib verfügt in seiner luderig-schluder-schlatter-schnatterhaften Form ganz allgemein über starken Zahnhaarbewuchs. Glauben wir dem Manne, der über eine Frau mit behaarten Zähnen spricht, so sprechen wir selbst die besprochene Frau nur dann an, wenn wir unbedingt leiden möchten, unter weiblichem Wortschwall verenden wollen und uns drachischer Damendominanz zu unterwerfen gedenken. Heutzutage sind 99 Prozent der Zahnhaarträger Frauen.

Das war nicht immer so. Früher trugen auch sehr männliche Männer behaarte Zähne.

Vielen Völkern galt das Haar vorzeiten, speziell das lange Herrenhaar, als Zeichen großer Kraft, Potenz und Männlichkeit. Konnte sich ein Kerl darüber hinaus behaarter Körperstellen rühmen, die sonst selbst beim Mann unbehaart bleiben, dann war er automatisch ein ganzer Kerl. Wollen wir nun des Kerles Kraft auch in der Rede rühmen, sagen wir eben, er habe Haare auf den Zähnen, das bedeutet, er führt eine couragierte Zunge spazieren, verteidigt sich klug und lässt sich nichts gefallen.

Da jedoch die schlagfertige, nicht auf den Mund gefallene Frau dem Manne oft suspekt erschien, kommt das weibliche Zahnhaar bis heute nicht ganz so gut weg.

Seit wann gibt es den Polterabend?

Es ist die Nacht vor der Nacht der Nächte. Die letzten Freiheitsstunden vor Beginn des Ehejochs sind angebrochen, da fangen Braut und Bräutigam zu feiern an, als gäbe es kein Morgen mehr, und genaugenommen stimmt das auch, denn der letzte Freiheitsmorgen ist bereits Vergangenheit.

Herausragendes Merkmal des Polterabends ist das polterische Plattmachen unschönen Geschirrs, das Polterabendgäste oft anlässlich eigener Vermählungsfeiern einst geschenkt bekamen.

Der Sinn hinter dem Gepolter ist ein dreifacher:

Erstens wird man unliebsames Haus-Equipment auf elegante Weise los. Blümchenteller mit changierender Perlmuttglasur aus Zeiten des frühen schlechten Geschmacks zum Beispiel.

Zweitens bedeuten die zerkloppten Teller und Tassen, dass das Alte Leben hinter den Heiratswilligen liegt und das Neue Leben endlich beginnen kann.

Drittens sollen durch den Polterkrach wie beim Silvesterböllern böse Geister vertrieben werden, die der künftigen Ehe gefährlich werden könnten.

Polterabend und Polternacht sind in Deutschland seit dem frühen 16. Jahrhundert bekannt. Auf einem Polterabend lassen sich auch viele lustig-verrätselte Fragen lösen, Beispiel: Ende des Lebens mit drei Buchstaben? Richtig: Ehe!

Was verstehen wir unter der Muntehe?

Das ist eine Ehevariante aus Zeiten, als die Frau bereits erfunden war, aber die mit ihr unvermeidlich einher schreitende Gleichberechtigung noch nicht so ganz.
Die Ehe entwickelte sich ja, grob gesagt, von der Vielfalt zur Einfalt, von der Vielweiberei zum Einfrauenmodell.
Während des Mittelalters war die Muntehe modern, die dem Mann das Ehejoch sehr erleichterte. Bekanntlich sind Männer gern verheiratet, aber nicht unbedingt 24 Stunden am Tag. Die männerfreundliche Muntehe war diesbezüglich ein durchaus durchdachter Kompromiss zwischen Freiheit und Ehe.
Munt bedeutet im althochdeutschen Schutz und Gesetz. Sie lebt heute weiter im Vormund und dessen Mündel.
Vorzeiten trug der Vater die Munt über die Tochter. Mit der Ehe ging die Vater-Munt dann auf den Gatten über.
Die ehemännliche Munt-Herrschaft über die Frau besagte, dass der Gatte frei über Vermögen, Frau und Kinder befinden durfte.
Allerdings kostete ihn das Muntehevergnügen einiges, er musste für die Frau nämlich einen erheblichen Brautpreis berappen. Und damit nicht genug: Die Verwandten wollten natürlich sichergehen, dass die Ehe rechtsgültig vollzogen wurde. Darum war es durchaus üblich, dass der erste Beischlaf im Beisein fröhlich-frommer Zuschauerzeugenrunde erfolgte. Die muntere Muntehe gilt hierzulande heute als ausgestorben.

Der Verlag:

Der TENNEMANN Buchverlag gehört zur TENNEMANN media.
Das Schweriner Unternehmen, 1999 gegründet von Leif Tennemann, realisiert u.a. Musik-, Wort- u. Buchproduktionen mit eigenem CD-Label, Musik- und Buchverlag, Editionen, Vertrieb, Download-Service und Online-Shop. TENNEMANN media arbeitet außerdem erfolgreich als Eventservice und Presseagentur mit eigenen Online-Redaktionsdiensten und Info-Portalen mit den Schwerpunkten Mecklenburg-Vorpommern und Norddeutschland.

aus unserem Verlagsprogramm

Der in Schwerin lebende Schauspieler, Comedian und Autor Lemmi Lembke (alias Andreas Lembke) präsentiert in diesem Band Gedichte, Kurzgeschichten und Lieder der ganz eigenen Art. Sie bieten einen höchst unterhaltsamen Querschnitt der Texte aus den sehr erfolgreichen Soloprogrammen des Entertainers Lemmi Lembcke in den letzten Jahren.

Geht nicht, gibt es dabei nicht ... Stil ist eine Gratwanderung ... und überhaupt ist es einfach erstaunlich, was ein menschliches Gehirn, das von Lemmi insbesondere, zuweilen so ...

Aber, wie sagt es doch der Autor selbst so harmlos im Klappentext seines Erstlings: „Setzen Sie sich an meinen gedeckten PoeTisch und lachen sich mal so richtig satt!"

Überall im Buchhandel oder online auf www.tennemann.com.

Wie fühlt es sich an, die Welt noch einmal mit Kinderaugen zu betrachten? Der Autor Siegfried Jürgensen nimmt uns mit auf eine beeindruckende Zeitreise. Er beschreibt seine Kindheit im hohen Norden Deutschlands in den späten Sechzigern und frühen Siebzigern des vergangenen Jahrhunderts.
Dabei erfahren wir unter anderem wie inspirierend ein Kinderlied sein kann, wie gemein „Wandersocken“ wirklich sind und was man unter einem „Rummelpott“ zu verstehen hat. Warum der Wind im Norden, vorzugsweise beim Fahrradfahren, stets von vorne kommt und jeder Hofplatz ein geharktes Muster braucht, erfahren wir leider nicht.

Auf jeden Fall erfahren wir aber auch einiges über unsere eigene Kindheit in diesem sehr lesenswerten Debüt.
Das Buch finden Sie überall im Buchhandel, oder Sie ordern online z.B. bei www.tennemann.com.

Das NDR-Landesfunkhaus Mecklenburg-Vorpommern in Schwerin erinnert mit dieser CD an die besonders einmalige Witzkultur der DDR. Denn die Menschen haben sich früher oftmals buchstäblich weggelacht aus der DDR und über die DDR.
NDR 1 Radio MV und das Nordmagazin riefen zwanzig Jahre nach dem Mauerfall und der Grenzöffnung die Hörer und Zuschauer auf, ihre Lieblingswitze aus DDR-Zeiten einzusenden. Eine Auswahl davon erzählten Ekkehard Hahn, Bärbel Röhl, Manfred Brümmer und Wolfram Pilz (v.l.n.r.) in Barnin bei Crivitz in einer öffentlichen Veranstaltung vor einem begeisterten Publikum.
Diese Hörbuch-CD, überall im Buchhandel oder online z.B. auf www.tennemann.com, bietet den kompletten Mitschnitt zum Weglachen!

Die einhundert besten Witze aus 20 Sendejahren der „Plappermoehl“ auf NDR 1 Radio MV finden Sie auf dieser CD. Lachen Sie mit, getreu dem Motto: „Ut'n verklamten Nors kümmt kein fröhlichen Furz“.
Die CD finden Sie überall im Buchhandel und Musikgeschäften, oder Sie ordern online z.B. bei www.tennemann.com.

Eine Auswahl der besten Witze aus dem Mallbüdel in der Sendung Plappermoehl von NDR 1 Radio MV präsentieren auch die vier bisher veröffentlichten „Mallbüdel“-Büchlein.
Überall im Buchhandel oder online z.B. auf www.tennemann.com.

Der singende Plappermöller Manfred Brümmer jetzt endlich mit neuen Liedern auf CD.
Gemeinsam mit Lars-Luis Linek präsentiert er „Kommodig". Eingängige Musik, eingängige Texte up Platt, die ganz modern vom Hier und Heute erzählen.
Überall, wo es Musik gibt oder auch bei www.tennemann.com.

Neue frische Klänge up Platt suchten NDR 1 Radio MV und das Nordmagazin beim großen plattdeutschen Wettbewerb „Musik ut uns Land". Ob Country, Rock oder Blues – die Vielfalt der eingereichten Titel war groß, der Wettbewerb ein voller Erfolg. Diese CD vereint die 14 Siegertitel. Den Tonträger finden Sie überall im Buchhandel und Musikgeschäften, oder Sie ordern online z.B. bei www.tennemann.com.

Der Entertainer Dieter Karow aus dem vorpommerschen Zingst zündet auf seiner Hörbuch-CD ein Feuerwerk bester plattdeutscher Unterhaltung. Mal derb, mal feinsinnig, mal zart, mal brüllend – da bleibt kein Auge trocken! Und alles, was er singt, tönt, flüstert und plaudert, kommt aus tiefstem Herzen. Das hat Dieter Karow vielen der sogenannten norddeutschen Folkloristen voraus. Er meint, was er sagt und er sagt es! Zur CD gibt es auch das Buch „Ik lach' mi dot“ mit allen Texten der Verteller, Döntjes und Lieder aus dem aktuellen Programm von Dieter Karow.
Überall, wo es Musik gibt oder auch bei www.tennemann.com.

Der Autor:

Thomas Lenz wurde an einem verschneiten Novembermorgen in Grevesmühlen/Nordwestmecklenburg geboren.

Seine Kindheit verbrachte er auf einem Bauernhof. Später lernte er in Bad Doberan Forstwirt und studierte in Kiel Theologie. Dort kam er über die Radiokirche als Quereinsteiger zum Rundfunk und ist beim NDR hängen geblieben.

Auf NDR 1 Radio MV und NDR 90,3 ist er montags bis freitags mit seiner amüsanten Wissensserie *Kaum zu glauben* zu erleben.

Thomas Lenz kennen die Hörer aber auch up platt: Bei NDR 1 Radio MV moderiert er unter anderem *Plattdütsch an Sünndag* und bei NDR 90,3 ist er regelmäßiger Autor bei *Hör mal'n beten to*.

Kaum zu glauben bei NDR 1 Radio MV:
montags bis freitags um 5.50 Uhr und um 7.50 Uhr. Außerdem als kostenloser Podcast unter ndr.de/mv

Kaum zu glauben bei NDR 90,3:
montags bis freitags um 6.50 Uhr und um 16.20 Uhr. Außerdem als kostenloser Podcast unter ndr.de/hh